民族魂

安邦定国 故事

学生成长励志故事读本

陈志宏◎编著

延边大学出版社

·延吉·

图书在版编目（CIP）数据

安邦定国故事 / 陈志宏编著 . —延吉 : 延边大学
出版社 , 2013.4（2024.1 重印）

ISBN 978-7-5634-5596-6

Ⅰ . ①安… Ⅱ . ①陈… Ⅲ . ①品德教育—中国—通俗
读物 Ⅳ . ① D648-49

中国版本图书馆 CIP 数据核字 (2013) 第 088509 号

安邦定国故事

主编：陈志宏
责编：郭玉玲
封面设计：映像视觉
出版发行：延边大学出版社
社址：吉林省延吉市公园路 977 号 邮编：133002
电话：0433-2732435 传真：0433-2732434
网址：http://www.ydcbs.com
印刷：天津市天玺印务有限公司
开本：155×220 毫米 　　1/16
印张：8
字数：50 千字
版次：2013 年 04 月第 1 版
印次：2024 年 01 月第 4 次印刷
书号：ISBN 978-7-5634-5596-6
定价：38.00 元

民族魂，是一个民族的精髓，体现了一种民族的精神，是民族存在的精神支柱。

说起民族的精神，人们通常都会想到爱国主义。从古代的屈原、岳飞，到近代为保卫祖国领土完整的人民英雄；从古代的发明家张衡、毕昇，到今天为祖国的建设事业贡献力量的科学家；从古代的李白、杜甫，到今天为民族文学艺术的提高而不懈奋斗的文学家……在他们身上，都体现出一种广义的爱国主义和爱国精神。

爱国主义是一种伟大的民族精神，也是中华民族的传统美德，与我们祖国上下五千年的历史一样源远流长。作为一种巨大的精神力量，它对中华民族的历史发展与进步产生了重大的影响。

民族魂
学生成长励志故事读本

前 言

在我国古代历史上，不仅出现过许多杰出的政治家、军事家、思想家、文学家、科学家、艺术家，还出现过一大批忧国忧民、鞠躬尽瘁的仁人志士和抗击外敌、抵御入侵的民族英雄。他们或开发和改造祖国的河山，创造灿烂的中华文明；或英勇反击民族压迫和外来侵略，捍卫国家的主权和民族的尊严；或坚决反对民族分裂，维护国家的统一和民族的团结；或顺应历史潮流，积极改革弊政，励精图治，治国安邦，施利于民……他们从不同的侧面体现了中华民族的爱国主义精神，谱写了爱国主义的壮丽诗篇，铸造了中华民族坚不可摧的"民族

之魂"。

　　人们之所以将爱国主义精神作为中华民族精神的主要特征，是因为 19 世纪以来的中华民族饱受外来民族的欺凌、压迫和剥削，从而需要以爱国主义来凝聚人心、努力奋斗，从而获得民族的解放。

　　翻开中国近代史册，最触目惊心的是一场场的战争、一件件的国耻。深重的民族灾难，撞击着每一个爱国者的心。帝国主义列强发动了第一次鸦片战争、第二次鸦片战争、中法战争、中日甲午战争、八国联军之役等大小 100 多次战争。每一次战争，都以强迫清政府签订不平等条约而结束。

　　面对亡国灭种的威胁，华夏大地的炎黄子孙们掀起了波澜壮阔的爱国热潮，创造了光照千秋的爱国主义业绩。中华民族所散发出来的民族精神，无论在深度和广度上都是前无古人的。无数民族英雄、志士仁人，在救国图存、振兴中华的斗争中所表现出来的爱国精神，既是对中华民族古代爱国主义传统的继承与发扬，又具有鲜明的时代特征。

　　除了爱国主义之外，勤劳、勇敢、诚信、团结、知礼、尊贤、节俭、敬业，热爱和平、不屈不挠、自强不息、励精图治、开拓创新等，也都是中华民族的精神精髓，是中华民族灵魂的具体表现。在五千年的历史中，我们的先辈在这片土地上，以这种高尚的品行和美德不

民族魂——学生成长励志故事读本

断地开辟，才有了如今屹立于世界民族之林的东方强国。作为一个有着漫长历史的积淀与升华的民族，伟大的民族精神早已烙刻在了我们每个人的灵魂深处，与我们的血肉融合在一起。

青少年是国家的希望，也是民族不断发展和延续的根本。总有一天，我们的民族精神、我们祖国的这片神奇的土地要传到当代青少年手中。从这个意义上来说，我们民族精神的生机与活力，我们祖国的命运与前途，也掌握在青少年的手中。因此，青少年的爱国主义教育和励志图强教育也就显得更加重要。为了增强和提升国民教育，尤其是青少年的爱国主义精神、民族精魂志向，我们精心编写了本套丛书——《民族魂——学生成长励志故事读本》丛书。

民族魂
学生成长励志故事读本

前 言

本套丛书将有史以来体现民族精神和民族灵魂的典型事迹，以通俗易懂的故事形式娓娓道来，非常适合青少年的阅读水平和欣赏口味。书中提供了古往今来多个典型人物和事件典范，展现出的人物也涉及社会的各个层面，有利于青少年立心、立志、爱国、进取，从而全方位地领悟中华民族的精神、灵魂之所在。

在本套丛书中，为帮助读者更好地理解和学习这些源远流长的美好精神，我们还在每一篇故事后面给出了"心灵物语"，旨在令故事更加结合现代社会，结合我们自身的道德发展，提高我们的民族爱国精神，并由此

而引发读者进一步的思考。

深刻的哲理人生，表现了博大精深的文化；精彩的人物事迹，道出了励精图治的典范；历代的爱国故事，喻出了民族精神的深意；高尚的品德展现，浓缩了上下五千年的灿烂文明……我们希望，青少年朋友们通过阅读本套丛书，能够受到深刻的爱国主义教育，能够真正体会到中华民族的灵魂所在，同时更能够汲取精华，励精图治，为提升自己的个人素质、为祖国未来的建设和发展作出努力。

全套丛书分类编排，内容详尽，文字优美，风格独具，是广大读者，尤其是青少年爱国励志教育的优秀读物。我们相信，本套丛书一定可以成为青少年朋友们的良师益友。

民族魂——学生成长励志故事读本

导言

安邦定国的前提是保家卫国和封疆治边。如果一个国家处于边境动荡或战火连绵的状态，"邦"不能"安"，"国"不能"定"，更无从谈"治"。中国是历史悠久的文明古国，在几千年的历史进程中，有治世，有乱世，有昏君，有明君；在安邦定国方面，既有许多成功的经验，也有不少惨痛的教训。无数爱国仁人志士，以自己崇高的浩然正气、顽强的抗敌斗志、赤诚的拳拳之心，奉献出智慧和力量、鲜血和生命，谱写了保家卫国的壮歌。

中华民族的爱国主义在反对民族压迫、民族侵略的斗争中，表现得尤为突出。毛泽东曾说："中华民族的各族人民都反对外来民族的压迫，都要用反抗的手段解除这种压迫。"在整个中华民族遭到外国侵略者入侵时，在爱国主义的旗帜下，集合了中华各族人民共同抗击外来民族的侵略。秦始皇并六国开始了中华民族大一统，从此实现统一、维护统一成为中华民族爱国主义的重要内容。中华民族历来都颂扬那些为国家统一事业作出重要贡献的爱国者，以及为维护统一、维护民族友好、抗击外敌、反对分裂而进行顽强斗争的爱国志士。

安邦定国，还包括治国安民。治国安民的基本原则是：讲究信用，爱护人民。孔子认为，治理好国家，君主一定要重视人品、道德，要讲究信用，爱护民众，取信于民。同时，还要节俭，爱护人民，只有这样才能处理好君主与人民的关系。自古以来，普通百姓世世代代所向往的是四个字——安居乐业。他们将"安居乐业"作为自己奋斗和追求的目标。能否满足老百姓的这一愿望，也成为衡量每位统治者善恶功过的试金石，同样也是历代王朝兴废存亡的分水岭。懂得"安民"思想的由来，对我们理解历代"安民"政策及其成效大有帮助。

总之，安邦定国之理，既是中华传统的理念，也是执政者解决内忧外患的基准。这种思想在我国历史长河中是不可或缺的，是实现社会和平稳定的保障，更是值得我们当今社会借鉴和学习的榜样。我们应当秉承安邦定国思想，为建立一个和谐、稳定、幸福、文明的国度而努力。

目录

CONTENTS

第一篇

勇击来犯

 管仲智挽国危

> 管仲(约公元前723—前645年),姬姓,管氏,名夷吾,谥曰"敬仲"。汉族。春秋时期齐国颍上(今安徽颍上)人,周穆王的后代,史称管子,春秋时期齐国著名的政治家、军事家。管仲少时丧父,老母在堂,生活贫苦,不得不过早地挑起家庭重担,为维持生计,与鲍叔牙合伙经商,后从军。到齐国,几经曲折,经鲍叔牙力荐,为齐国上卿(即丞相),被称为"春秋第一相",辅佐齐桓公成为春秋时期的第一霸主,所以又说"管夷吾举于士"。管仲的言论见于《国语·齐语》,另有《管子》一书传世。

　　公元前672年,楚王熊畑被弟弟熊恽所杀。熊恽自立为君,是为成王,又命其叔子元为令尹。为了楚国的势力向中原扩展,子元遂发兵攻打郑国。齐桓公得知,约了宋、鲁两国,亲率大军前去相救。子元知道后大吃一惊,对诸将说:"如果诸侯抄了我们的后路,我们将腹背受敌,后果不堪设想。"于是暗中发令,趁黑夜将全军悄悄撤回。齐、鲁、宋三国国君听说楚兵退了,遂各自回国。郑国则派遣使臣到齐国谢救援之劳。从此郑国感服齐国,不敢怀有二心。

　　一日,齐国国君正在商议国事,忽然有臣来报:"燕国被山戎兵侵犯,特派人来求救。"管仲说:"当今为外患的,南面是楚国,北面是山戎,西面是狄族。消除这些外患是盟主的职责,何况现在燕国派人来求救。"于是,齐恒公又一次采纳了管仲的意见,亲率大军同管仲等前去救燕。

山戎原来是北戎的一支，建国于令支。其西面是燕国，东南是齐国与鲁国。令支处于三国之间，依仗地险兵强，不臣不贡，屡次侵犯中原。听说齐侯称霸，就来侵扰燕国，想断绝燕国通往齐国之路。山戎的国君叫密卢，入侵燕国已有两个月，掳掠子女财物无数。听说齐国来救，就解围而去。齐桓公派兵到蓟门关，燕庄公出城迎接，谢齐侯前来救援。管仲说："山戎得胜而去，如果我们退去，必然又来侵犯。不如乘机讨伐，以绝后患。"齐桓公说好，并派使臣带上大量金帛去召不依附山戎的无终国，无终国便派大将虎儿斑率领2000骑兵前来助战。齐桓公赏赐了虎儿斑很多财物，让他率部作先锋。

虎儿斑率兵征战，路遇令支兵埋伏，虎儿斑死战，但寡不敌众，束手被俘。幸亏齐侯大军赶到，王子成父率军杀散令支兵，救回了他。大军东进30里，到了伏龙山，齐桓公和燕庄公在山上扎寨，王子成父和宾须吴则在山下安营，都用大车连结成城，警戒甚严。

第二天，令支密卢亲率数万骑兵前来挑战，一连冲击数次，都被车城阻住。中午时分，管仲在山上望见敌兵渐渐稀少，都下马躺在地上，口中谩骂不休。管仲对虎儿斑说："将军今日可以雪耻了！"虎儿斑抖擞精神，带领着本国人马，飞奔杀出。管仲已料到戎兵要用埋伏之计，遂将计就计，命王子成父和宾须无各举一军从左右两路接应，专杀伏兵。

戎兵果然中计，大败而归，损失了许多人马，逃往孤竹国去了。

齐侯攻破令支，缴获了大量马匹器杖和牛、羊、帐幕之类的物资，救出了被掳的燕国子女。接着，齐侯又一鼓作气，率大军翻山越岭，攻占孤竹国。管仲劝齐桓公将所占两国全部给予燕国，齐桓公采纳了他的意见。燕庄公对齐桓公非常感激。齐桓公率军撤离时，燕庄公送齐桓公一直送到国界边都没停下，直到进入齐国国境50多里，齐桓公又将这50里燕君所至之地送给燕国。燕国这次增加了方圆550里的土地，开始成为北方的大国。

齐桓公率大军回归至济水，鲁庄公在济水边设宴迎贺，齐桓公将缴获北戎之物的一半赠送给鲁国，鲁庄公非常感激。

后来，齐国又帮邢国、卫国等小国重建家园。

■心灵物语

齐国这一系列救助危亡诸侯国而又不贪求土地的行为，使各诸侯国心悦诚服，既畏惧齐国的威势，又感服齐国的德行，齐国从此威名远扬。而这一切，都是齐桓公采纳管仲进谏意见的结果。

■史海钩沉

管仲推行粮食政策

管仲实行了粮食"准平"的政策，即"民有余则轻之，故人君敛之以轻；民不足则重之，故人君散之以重，凡轻重敛散之以时，则准平……故大贾富家不得豪夺吾民矣"（《汉书·食货志下》）。

这种"准平"制度，不仅是一种平衡粮价的政策，同时也间接地承认了农民自由买卖粮食的权利及自由私田的合法性，还保障了私田农的生产利益。这种经济政策也为经济层面的国君集权。

■文苑荟萃

管仲纪念馆

管仲死后，被葬于山东临淄（今山东省淄博市临淄区）牛山的北麓，这就是著名的管仲墓。管仲纪念馆是以管仲墓为依托，以《管子》思想为基础，以管仲的生平为脉络，通过多种艺术手段，在展现"天下第一相"辉煌一生的同时，也全面地展示了博大精深的《管子》思想，并综合地展示了宰相文化及历代名相对社会的贡献。

管仲纪念馆占地面积约 20 万平方米，总投资近 3000 万元，分为馆区和园区。馆区占地面积约 5 万平方米，主要由中国宰相馆、管仲及《管子》思想陈列展厅（管鲍之交、桓公拜相、管仲治齐、首霸春秋、光照千古）、管仲祠、管仲墓等组成。园区占地面积约 15 万平方米，主要是广场、绿地及配套设施等。

 # 赵苞辽西御敌

> 赵苞（？—177年），字威豪，甘陵东武城（今河北故城县）人，东汉官吏，从兄宦官赵忠为十常侍之一，他深以为耻辱，不与往来。举孝廉。初仕州郡。熹平末，升任辽西太守。遣人迎母及妻子赴辽西，途经柳城，为鲜卑所虏，作为人质，载以进攻辽西，母亲及妻子大义凛然。他即时进攻，击败鲜卑军，母、妻皆遇害。鲜卑破后，他葬母事毕，呕血而死，封鄃侯。

东汉末年，北方的鲜卑族在酋长檀石槐的统领下，逐渐强大起来，占有了匈奴故地，成为东汉的一人劲敌。

桓帝延熹九年（166年），檀石槐分其地为东、中、西三部，各立大人领之。自此，不断侵扰东汉的东、西、北三边，给三边的汉族和其他各族人民造成了重大的损失，带来了巨大的痛苦。东汉政府于熹平六年（177年）决定兵征鲜卑，八月，东汉大军为檀石槐鲜卑军队所击败。

正是在东汉同鲜卑关系十分紧张之际，赵苞被委任为与鲜卑接壤的辽西（治所阳乐，今辽宁义县西）太守，担起抵御鲜卑侵扰的重任。

赵苞的从兄赵忠是灵帝时著名的十常侍之一，他"深耻其门族有宦官名执"，所以断绝了与赵忠的来往。

赵苞到辽西赴任的第二年，便派人去接母亲和妻子。他的母亲和妻子走到离辽西不远的柳城（今辽宁朝阳南）时，遇到了前来侵扰东汉的鲜卑军队约万余人。鲜卑军当即劫持了赵苞的母亲和妻子，鲜卑贵族知

道她们是辽西太守赵苞的母亲和妻子之后，非常高兴，认为只要把她们作为人质，便可以轻而易举地取得辽西。于是便带着赵苞的母亲和妻子向辽西进发。

赵苞得到鲜卑军队来攻打辽西的消息后，便率步骑2万，与鲜卑对阵。鲜卑则将他的母亲推到阵前。赵苞见到母亲在敌人手中，悲愤地哭着对母亲说道："做儿子的没有尽孝，本来想以自己微薄的俸禄朝夕侍养母亲，不想反而给母亲带来了大祸。"赵苞还说："昔为母子，今为王臣，义不得顾私恩，毁忠节，唯当万死，无以塞罪。"

深明大义的母亲遥相勉励赵苞以忠义，她呼着赵苞的字说："威豪，人各有命，何得相顾，以亏忠义！昔王陵母对汉使伏剑，以固其志，尔其勉之。"在母亲的鼓励下，赵苞含恨向鲜卑发动进攻，打败了敌人。但是，他的母亲和妻子都被敌人杀害了。

赵苞收敛了母亲和妻子的尸体，向汉灵帝请求回家安葬。汉灵帝派使者前往吊慰，并封赵苞为邻侯。赵苞把母亲安葬之后，认为自己虽然忠于国家，但是用母亲的被害来保全自己的大节大义，在孝上是不足的。他为母亲的牺牲十分难过，不久便呕血而死。

■心灵物语

赵苞母子这种崇高的爱国主义情感和行为，是我们中华民族宝贵的财富，人们对赵苞母子是永远不会忘怀的。

■史海钩沉

赵苞升太守

东汉时期，读书人当官的正当途径，就是由州郡按限额举荐孝廉和茂才（即秀才，避光武帝刘秀讳改为茂）。赵苞就是被举荐为孝廉的。孝是孝行有名，廉是清正廉洁。

　　赵苞被举荐后，朝廷任命他为广陵（今江苏扬州市东北）的县令。赵苞任职三年，政教清明，受百姓爱戴，经州郡向朝廷报告他的政绩，赵苞于熹平六年（177年）升任辽西郡太守。

■文苑荟萃

满江红·赵苞颂

佚　名

汉室危倾，鲜卑犯、涂炭中原。

勇威豪、横空出世，玉柱擎天。

临危受命戍边关，浴血沙场丧敌胆。

胡虏怯，辽西筑雄关，黎民安。

骑射善，谋略玄；经纬术，世家传。

举孝廉入仕、披肝沥胆。

烽火硝烟兵百万，旌旗摇动奇功建。

亲罹难，泣血全忠孝，千古赞。

 # 唐太宗勇挫强敌

唐太宗李世民（599—649年），陇西成纪人，祖籍赵郡隆庆，政治家、军事家、书法家、诗人。即位为帝后，积极听取群臣的意见，努力学习文治天下，有个成语叫"兼听则明，偏信则暗"，就是说他的。他成功转型为中国史上最出名的政治家与明君之一。唐太宗开创了历史上的"贞观之治"，他主动消灭各地割据势力，虚心纳谏，在国内厉行节约，使百姓休养生息，终于使得社会出现了国泰民安的局面，为后来全盛的"开元盛世"奠定了重要的基础，将中国传统农业社会推向鼎盛时期。

隋末，李世民协助父亲李渊于太原（今属山西）起兵，夺取天下，建立唐朝，功高盖世，被封为秦王。由于不是嫡长子，不能继承大统，以至酿成兄弟喋血的惨案。武德九年（626年）六月初四，为争夺皇位继承权，秦王李世民同太子李建成、齐王李元吉在玄武门兵刃相见，演出了一场骨肉相残的惨剧，李世民杀死了哥哥李建成、弟弟李元吉。当天，唐高祖下诏"国家庶事，皆取秦王处分"。初七，立李世民为太子。八月初八传位太子。初九，李世民即皇帝位。

唐太宗刚即位不久，便发生了突厥侵扰、直指长安（今陕西西安）的严重事件。李渊起兵之初，向突厥称臣求助。突厥拥兵百万，其军事实力是中原各军事集团所无法比拟的。所以，当时北方各军事集团都臣服于突厥。唐朝建立后，渐次削平群雄，即将实现全国的统一。突厥却在其中作梗，支持反唐势力，阻挠唐朝的统一事业，并多次与唐朝发生冲突。武德七年（624年）秋，突厥颉利可汗、突利可汗率大军侵扰关中，唐高祖面对强大的突厥军队，竟准备弃长安，迁都南方以避之。

这一次，颉利可汗得知唐朝刚刚发生玄武门之变，认为唐朝内部不稳，正是侵扰和攻击唐朝的极好时机，便与突利可汗率兵10余万南下。八月十九日，突厥兵犯泾州（今甘肃泾川北），二十日攻至武功（今陕西武功西北），离京城只有150余里，长安戒严。二十四日，突厥又攻高陵（今属陕西）。二十六日，唐朝大将尉迟敬德在长安附近的泾阳（今属陕西）击败突厥兵，斩杀千余人。但是，这并未使突厥军队停止进攻，颉利可汗仍然率大军向长安进发。二十八日，颉利可汗率部到达长安北之渭水便桥，长安形势万分紧急。

颉利可汗到达渭水便桥之后，当天便派心腹将领执失思力入唐朝廷，名为入朝，实为观察唐朝虚实，同时，极力宣扬突厥兵势强大。执失思力见了唐太宗，虚张声势地说："颉利与突利二可汗率兵百万，今至矣。"唐太宗当即责备道："吾与汝可汗面结和亲，赠遗金帛，前后无算。汝可汗自负盟约，引兵深入，于我无愧！汝虽戎狄，亦有人心，何得全忘大恩，自夸强盛，我今先斩汝矣！"执失思力恐惧求饶。在大臣劝阻下，唐太宗囚禁了执失思力。

这天，唐太宗便亲自出玄武门去会见颉利可汗。唐太宗只带了高士廉、房玄龄等六人，骑马到渭水边，同颉利可汗隔水而语。唐太宗义正词严地责备颉利可汗违背和约。突厥士兵见到唐太宗亲自到来，都很惊奇，而年轻英武的唐太宗威风凛凛地骑在马上，毫无惧色，便都下马来拜。说话之间，唐朝各路人马纷纷来到渭水之滨。唐军军容严整，旌旗遍野。颉利可汗见唐太宗单骑来会，已很吃惊，现又见到威武严整的唐军，自己派出的使臣执失思力也被囚禁不归，不禁胆怯起来了。

唐太宗见各路军队已到，便挥麾让各军后退布阵，自己仍单独留下同颉利对语。左仆射萧瑀怕唐太宗轻敌不安全，就在马前劝谏，不让唐太宗单独留下。唐太宗便对萧瑀说："吾筹之已熟，非卿所知。突厥所以敢倾国而来，直抵郊甸者，以我国内有难，朕新即位，谓我不能抗御

故也。我若示之以弱，闭门拒守，虏必放兵大掠，不可复制。故朕轻骑独出，示若轻之；又震曜军容，使之必战；出虏不意，使之失图。虏入我地既深，必有惧心，故与战则克，与和则固矣。制服突厥，在此一举，卿第观之！"唐太宗根据对敌我双方力量和战略的分析，定下了自己的策略。

唐太宗的策略果然见效了。当天，颉利可汗见唐太宗对自己兴师动众前来并不当回事，居然敢单骑赴会；又见唐军军容严整，认为唐已有准备，交战不一定能胜，于是便向唐朝请和，唐太宗当下便同意了。

两天后，唐太宗又一次到渭水边，在便桥与颉利可汗订立盟约，突厥引兵退去。九月初一，颉利可汗向唐太宗进献3000匹马，万头羊，唐太宗退而不受，只要求颉利可汗归还所掠去的中国百姓。

渭水便桥退敌之后，唐太宗深知与突厥还会发生冲突，所以便带将士在宫中显德殿练习骑射，以备抵御突厥以后的侵扰。他认为，只有这样，"中国之民可以少安"。

☐心灵物语

唐太宗在平定内乱、即位不久之后便面临突厥大兵压境的险恶形势，面对强敌，他不愧为久经沙场的优秀统帅和老练的政治家，临危不惧，镇定自若。由于正确地掌握了敌我双方的心理状态和军事实力，以出其不意的策略，制服了敌人，不费一兵一卒便取得了保卫大唐帝国疆土的巨大胜利，从而使百姓免遭战争的灾难。

☐史海钩沉

唐太宗注重人才

李世民即位后，是为唐太宗。他十分注重人才的选拔，严格遵循德才兼备的原则。唐太宗认为，只有选用大批具有真才实学的人，才能达到天下大治，因此他求贤若渴，曾先后五次颁布求贤诏令，并增加科举考试的科目，扩大应试的范围和人数，以便使更多的人才显露出来。

由于唐太宗重视人才，贞观年间涌现出了大量的优秀人才，可谓是"人才济济，文武兼备"。也正是由于有了这些栋梁之才，用他们的聪明才智为"贞观之治"的形成作出了巨大的贡献。

□文苑荟萃

辽城望月

（唐）李世民

玄菟月初明，澄辉照辽碣。

映云光暂隐，隔树花如缀。

魄满桂枝圆，轮亏镜彩缺。

临城却影散，带晕重围结。

驻跸俯九都，伫观妖氛灭。

杨延昭大战辽兵

杨延昭（958—1014年），本名杨延朗，后因避道士赵玄朗的讳，改名杨延昭，亦称杨六郎。北宋抗辽大将杨业的次子，生于五代后周显德五年，卒于北宋大中祥符七年，原籍麟州（今陕西神木）新秦人。他是北宋前期将领。自幼随杨业征战。雍熙三年北伐，杨业率军攻应、朔等州，延昭为先锋，时年29岁，战朔州城下，流矢穿臂，战斗愈勇，终于攻下朔州。其父死，便担负起河北延边的抗辽重任。雍熙北伐之后，延昭在景州（今河北景县）、保州（今河北安新县）等地抵御辽军侵扰，死后陪葬于永安县（今河南巩义宋英宗永厚陵）。

宋真宗景德元年（1004年），辽国圣宗和萧太后率领20万大军南下，一直打到澶州（今河南濮阳）以北。时任宰相的寇准力主抵抗，宋真宗被迫前往澶州督战，却仍一心想要求和，最终与辽国签订了"澶渊之盟"。

就在这时，有一位将军向宋真宗提出了打退辽军的军事计划。这位将军就是抗辽名将"杨无敌"杨业的儿子杨延昭。

杨延昭本名为杨延朗，然而宋真宗十分迷信道教，尊道士赵玄朗为"圣祖"，下令"不得斥犯"玄、朗（杨延昭本名杨延朗）两字，因此，杨延朗也就改名为杨延昭了。他在边防20余年，屡败辽兵，是时"契丹惮之，曰为杨六郎"。

杨延昭幼年时沉默寡言，好玩的游戏也是军阵游戏。杨业认为杨延昭很像自己，所以每次征战时都会带着杨延昭。

雍熙三年（986年），为了收复燕（今北京西南）云（今山西大同）十六州，宋向辽国发起进攻。杨业奉命攻取应州（今山西应县）、朔州

（今山西朔州市），他以杨延昭为先锋。在战斗中，杨延昭作战勇敢，攻打朔州时，城下流矢贯其臂，杨延昭仍不后退，反而更加勇猛杀敌。

　　咸平二年（999年），辽兵南下，杨延昭当时在遂城（今河北徐水）驻守。遂城城小又无防备，辽兵围攻数日。每次战斗时，城中都是人人畏惧，而杨延昭毫不畏惧，积极率兵防守。杨延昭认为，敌众我寡，只有以智谋取胜，才能保住遂城。他见天已寒冷，便命士兵吸水灌于城上，一夜之间，便结成冰，光滑无比，辽兵无法攻上，只好退走。当时人们都认为杨延昭极有父风。

　　杨延昭不仅智勇善战，而且廉明爱下，"所得俸赐，悉以犒军"。虽然他为人质朴，出入骑从有如小校，但是"号令严明"，并能"与士卒同甘苦"，所以深得士心，作战屡胜。

　　景德元年，辽兵攻到澶州时，杨延昭认为，辽兵主力已在澶州城下，其他地方十分空虚，宋军完全可以乘虚而入，进击辽国。对澶渊辽兵，杨延昭认为："契丹顿澶渊，去北境千里，人马俱乏，虽众易败，凡有剽掠，率在马上。"他建议宋真宗，"愿饬诸军，扼其要路，众可歼焉。即幽（今北京西南）易（今河北易县）数州可袭而取"。这个扼守要路、掩击辽军的军事计划是很有见地的，也是切实可行的，可见杨延昭是一位极有眼光的爱国军事将领。如果按照杨延昭的计划进行，便可以将辽兵的精锐消灭，为收复燕云十六州做好准备。

　　然而，一味求和的宋真宗并没有采纳杨延昭的建议，他害怕诸将袭击辽兵，影响与辽国的和谈，便下令前线将领按兵不动，让辽兵从容后退。辽兵后退时，洗劫了沿途州县，掳掠数10万居民北去。

■心灵物语

　　杨延昭为了打击辽兵，保卫国土，保护百姓，也为了贯彻自己的主张，冒着违反宋真宗意旨的罪名，率部攻击辽兵，直抵辽境，攻破古城（今山西广灵西南），俘杀了大批敌人。杨延昭的攻击，使辽兵无暇再行抢掠，只得匆匆北回。

■ 史海钩沉

杨延昭大摆牦牛阵

北宋时期，辽兵屡屡侵犯边境，杨延昭奉旨抵御。

为了巧妙地消灭来犯之敌，杨延昭秘密遣人收买牦牛万余头，然后以草人腹装饲料，穿戴上辽兵的服装，诱牛以角所绑之刀挑开草人的腹部吃料。这样训练了百余日，众牛一见到穿北兵服装者，便猛用角挑。

杨延昭见时机成熟，便下令将牦牛饿上三天三夜。随后，他派人去辽营挑战，待辽兵追来时，杨延昭将万余头饥饿的牦牛放出。牦牛冲入敌阵，见人就挑，辽兵死伤无数，宋军大获全胜。从此，此地得名为牦牛阵。

■ 文苑荟萃

塞下曲

（唐）高适

结束浮云骏，翩翩出从戎。

且凭天子怒，复倚将军雄。

万鼓雷殷地，千旗火生风。

日轮驻霜戈，月魄悬雕弓。

青海阵云匝，黑山兵气冲。

战酣太白高，战罢旄头空。

万里不惜死，一朝得成功。

画图麒麟阁，入朝明光宫。

大笑向文士，一经何足穷。

古人昧此道，往往成老翁。

王彦英勇抗金

王彦（1090—1139年），字子才，上党（今山西长治）人，南宋将领，"八字军"首领。建炎元年（1127年）追随河北招抚使张所，擢升为都统制，奉命率7000兵渡河抗金，后入太行山创建"八字军"，发展至10万多人，屡重创金兵。后在川陕地区与金兵及伪齐军作战。绍兴七年（1137年）解兵权出知邵州。

宋靖康二年（1127年）二月，金兵俘获了宋徽宗、宋钦宗，同时掠大批金银绢帛北去，北宋灭亡。五月，康王赵构即位于南京（应天府，在今河南商丘南），改年号为建炎，是为南宋高宗。在金兵进入汴梁（今河南开封）时，宋钦宗把两河地区割给金国，两河地区指河北、河东。当此消息传出之后，两河人民纷纷武装起来反抗金兵。在众多的抗金武装中，以王彦所领导的"八字军"最为著名。

王彦性格豪迈，喜读韬略。后在泾原（治所渭州，今甘肃平凉），随经略使种师道两入西夏，立有战功。当金兵攻入汴梁时，王彦弃家赴京，要求参加保卫国家、抗击金人的战斗。河北招抚使张所发现王彦有才干，便擢为都统制。

建炎元年（1127年）九月二十一日，张所命王彦率岳飞、张翼、白安民等11名裨将、7000名士兵渡过黄河袭击金兵。当时金军兵势极盛，王彦、岳飞率部奋力进击，击退金兵，收复了新乡（今属河南）。但是，在二十八日金兵大举反攻，在新乡发生激战，王彦、岳飞等寡不敌众而

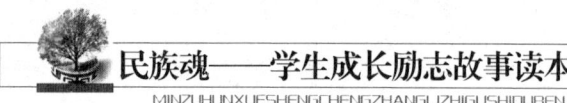

败，岳飞单骑杀金将，迫使金兵退却，而王彦则率部直奔太行山。

在王彦等攻下新乡时，曾传檄诸郡。这使金人误以为宋的大军将到，便聚集军队数万进攻王彦，并包围了王彦的兵营。王彦部不仅人少，而且器具、盔甲也差，只好突围而出。金兵则以精锐之师追击。王彦见敌人追来，便率部下数十人直冲入金兵之中，左杀右斩，转战数十里，杀死不少金兵。待到王彦等人弓箭将尽之时，天色也渐渐黑了下来，金兵才散去。

王彦召集散亡余众，只剩700多人，便扎营于共城县（今河南辉县）之西山。王彦虽然遭遇了失败，但是他保卫祖国、抗击金兵的意志仍坚定不移。他派遣心腹将领同两河地区的抗金豪杰联系，准备再次起兵抗金。王彦赤诚爱国之心使部下十分钦佩和感动，700多人为了表示自己抗金保国的决心，都在脸上刺了8个大字，即"赤心报国，誓杀金贼"。从此以后，王彦所统领的这支抗金武装便被称为"八字军"。

王彦率领"八字军"继续战斗在抗金的前线。王彦和"八字军"的抗金行动受到两河人民的积极响应。两河人民所组织的抗金忠义民兵在首领傅选、孟德、刘泽、焦文通等的率领下，同王彦"八字军"联合起来，接受王彦的领导。"八字军"的活动范围也扩大了，"绵亘数百里，金人患之"。

在抗金斗争中，王彦领导的"八字军"迅速壮大，很快增加到数万人，成为河北地区抗击金兵的中坚力量。王彦爱抚抗金战士，与之同甘共苦，并不断以忠心爱国、抗击敌人、保家卫国相激励。"八字军"在斗争中不断取胜，有力打击了金兵，也增强了自己的战斗力，以致金人召集将领准备攻击王彦"八字军"时，这些将领均畏惧不敢前，有的竟哭着对金兵统帅讲："王都统砦坚如铁石，未易图也。"

金人眼看"八字军"强大起来，很不甘心，便决定切断"八字军"的运粮通道。由于得到人民的支持，"八字军"对金军的活动了如指掌，金军调动的情报很快就送到王彦手中。王彦当即安排伏兵，当金兵到达时，"八字军"伏兵冲出，斩杀了众多敌人，使金人切断"八字军"运粮通道的阴谋破产。

　　王彦的"八字军"在河北地区的胜利，大大增强了人民抗金的信心，鼓舞了爱国将士的士气。

心灵物语

　　王彦和"八字军"的抗金活动，是北宋灭亡后广大人民爱国抗敌活动的突出典范，表明了中华民族不屈不挠的斗争精神。

史海钩沉

王彦请战

　　建炎二年（1128年）五月，王彦率"八字军"精锐万人渡河。七月，宗泽不幸去世，王彦便以部队付东京留司，自己率亲兵到扬州（今江苏省扬州市）见高宗，请求北上抗金。

　　王彦先见执政黄潜善、汪伯彦，力陈两河忠义民兵正引颈盼望王师，请朝廷顺应民心，赶紧出兵北伐。当时，朝廷正派宇文虚中使金求和，汪、黄二人闻讯大为恼怒，取消了王彦晋见高宗的安排，差他充任御营平寇统领。王彦大为失望，遂称病致仕。

文苑荟萃

过王彦与郊居

（宋）释正觉

晨露晞时桑柘，宿云敛处溪山，
摩诘画图未卷，渊明农事初闲。

陆游征战沙场

陆游（1125—1210年），字务观，号放翁，汉族，越州山阴（今浙江绍兴）人，南宋爱国诗人，著有《剑南诗稿》《渭南文集》等数十部文集存世，自言"60年间万首诗"，今尚存9300余首，是我国现有存诗最多的诗人。

当陆游还在襁褓中时，就已经开始随着家人颠沛流离地逃避战乱了。因此，他自幼就亲身感受到了被侵略、受欺凌的痛苦。他的父亲是具有爱国思想的正直士大夫，所结交的也多为爱国之士。父亲经常与朋友在家中聚会，谈论国事，每当说到金人入侵，无不咬牙切齿，痛哭流涕。父辈们的爱国思想和高尚情操，陆游耳濡目染，熏陶默化。忧国忧民的思想感情在他心里生了根，使他从小就决心献身抗金事业，立下了"上马击狂胡，下马草军书"的爱国壮志。为了实现这一壮志，陆游不仅习文，而且学武。他曾研读兵书，还花了很长时间学习剑术。剑术的学习培养了他英勇豪爽的特点，锻炼了他刚健强壮的体魄。

陆游长大以后，积极投身于抗金救国的斗争当中。在他做官期间，做了许多爱国、爱民之事，曾为收复失地、统一祖国积极出谋划策；也曾身着戎装，跃马横戈，卫戍在大散关口，往来于前线各地；还曾在大灾之年，开官仓赈济饥民……因为陆游始终坚持抗金救国的主张，所以多次遭到了投降派的陷害、打击和排挤，但他对自己的理想始终坚信不疑。直到晚年病重时，报国信念和爱国热情仍然不减当年。

1210年春，这位85岁高龄的爱国老诗人病在床上已经有100多天了，吃药也不见效，病情越来越严重。他的亲朋好友知道他将不久于人世，都纷纷前来探望。

在生命的最后几天里，陆游已茶饭不进，不能说话了。全家人围在他身边，满含热泪，悲痛万分。一天，他忽然示意要坐起来，家人只好扶着他坐好。他又让家人把窗户打开。大家怕他受风，承受不了，不肯开。陆游显出十分急躁痛苦的样子，家里人只好给他开了窗户。

此时，他透过窗口，翘首北望，眼含热泪，思绪难平。他生活在民族矛盾尖锐的时代，亲眼看到金兵蹂躏中原人民，曾多次表示要挥戈跃马收复失地，统一祖国，但都被软弱无能的南宋朝廷拒绝了。国仇未报，一腔爱国热情只好倾注笔下。"一闻战鼓意气生，犹能为国平燕赵"，他的强烈爱国热情有增无减；"壮心未与年俱老，死去犹能作鬼雄"，他的报国壮志老益弥坚；"僵卧孤村不自哀，尚思为国戍轮台"，他收复中原的信念至死不渝。几十年过去了，山河依然破碎，百姓仍遭涂炭，自己壮志未酬，所有这些怎能不叫他"悲歌仰天泪如雨"？

陆游明白自己就要离开人世了，他又看了一会儿窗外，忽然指指书案，家里人明白，他要写诗。儿子端来了笔砚，跪在他身边。他那颤抖的手拿起笔刚刚写了"示儿"两个字，便喘成一团。但他不肯作罢，用尽最后的力气，哆哆嗦嗦地写道："死去元知万事空，但悲不见九州同。王师北定中原日，家祭无忘告乃翁。"意思是：个人生死原是没有什么值得留恋的，可悲的是不能再看到祖国山河的统一；等到有一天朝廷的军队收复了中原失地，家里举行祭祀时，千万不要忘了把这个好消息告诉你们的父亲啊！这就是千古传诵的《示儿》诗篇，也是一位伟大爱国诗人留下的最后的心声，更是陆游用血和泪乃至整个生命谱就的爱国华章。

心灵物语

陆游，这位伟大而杰出的爱国诗人，直到临终，心里念念不忘的仍然是祖国领土的完整和国家的统一。这种至死不渝的报国信念，这种炽热的爱国激情，多少年来同他那不朽的诗作一起被人们传诵，直到今天还激发着千百万中国人的爱国热情。

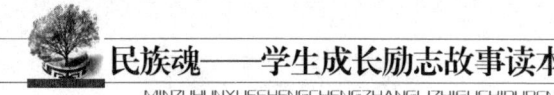
□**史海钩沉**

陆游诗词创作的特点

陆游晚年时期退居家乡，但是收复中原的心却始终不渝。他一生创作的诗歌很多，现存的就达9000多首，内容也极为丰富，大多都为抒发政治抱负，反映人民疾苦，批判当时统治集团的屈辱投降，风格雄浑豪放，表现出陆游渴望国家统一的强烈爱国热情。其中，《关山月》《书愤》《农家叹》《示儿》等名篇，均为后世所传诵。但是，有些诗词也流露出了一定的消极情绪。

□**文苑荟萃**

临安春雨初霁

（宋）陆游

世味年来薄似纱，谁令骑马客京华。

小楼一夜听春雨，深巷明朝卖杏花。

矮纸斜行闲作草，晴窗细乳戏分茶。

素衣莫起风尘叹，犹及清明可到家。

 # 抗倭英雄俞大猷

俞大猷（1503—1579年），字志辅，又字逊尧，号虚江，福建泉州北郊濠市濠格头村人，明代著名民族英雄、抗倭名将、儒将、武术家、诗人、兵器发明家，然而，他最主要的功绩是领导抗倭战争。他历经明代三朝，一生坎坷。戎马生涯47年，"时而受重用，名声显赫；时而受贬责，沦为囚徒"，四为参将，六为总兵，累官都督。本邑好友潘湖黄光升密授俞大猷方略，率部转战于苏、浙、闽、粤之间，身经百战，战功显赫，"俞家军"威名赫赫，与当时另一位抗倭名将戚继光并称"俞龙戚虎"。

俞大猷"少好读书"，学《易》、兵家和剑术，虽家贫，但"意常豁如"。父亲去世后，嗣世职百户。嘉靖十四年（1535年）以武举为千户，奉命守御金门（今福建金门南）。他见倭寇频发，屡屡侵犯边海，便上书监司，竟因此被夺职。后任汀（治所长汀，今福建长汀）、漳（治所龙溪，今福建漳州）守备。至武平（今属福建）作读书轩，同诸生为文会，又教武士击剑。后击破海贼康老，俘斩300余人。

嘉靖三十一年（1552年），倭寇大举侵扰浙江，俞大猷被调至浙江为参将，分管宁波（今属浙江）、台州（治所临海，今浙江临海）军事，主持这一带的抗倭斗争。他率军在宁波昌国卫（今浙江象山南）击破倭寇，随后海战，斩杀不少倭寇；接着再战，逐倭寇于海中，焚贼船50余艘。

嘉靖三十三年（1554年），俞大猷先在宁波普陀（今属浙江）击败倭

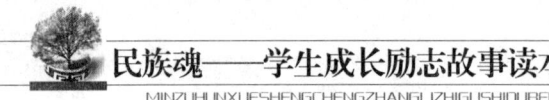

寇，后在关淞所（今上海宝山）又大败倭寇。当倭寇从健跳所（今浙江三门东）入侵时，俞大猷又率兵连续进击，大败这支倭寇。在浙江的剿倭战斗中，俞大猷立下了大功。

此后，俞大猷调任苏（治所关县，今江苏苏州）、松（治所华亭，今上海松江）副总兵，在江苏进行平倭战斗。一次，总督命俞大猷进击倭寇在松江柘林的大本营，这里有倭寇2万多人。俞大猷认为，自己仅有300人，要与之作战无异于送死，坚持要待大兵到后再行进击。嘉靖三十四年（1555年）五月，明大军集合，在总督张经统率下，俞大猷进击王江泾之倭寇，取得大胜。

这次对倭战争，明军捣毁了倭寇在柘林的大本营，斩杀倭寇1900余人，焚、溺者不计其数。这是抗倭战争以来最大的一次胜利，俞大猷在这次战争中立下了赫赫战功。但是严嵩死党赵文华陷害张经，同时攘夺了俞大猷的军功。

倭寇自柘林大败之后，并不甘心，又向江苏地区进犯。新到的1000多倭寇乘30余艘船进犯苏州（今属江苏），南京（今属江苏）都督周于德一战而败，镇抚孙宪臣战死。得势的倭寇便兵分两路，一路北上掠浒墅（今江苏苏州西北），一路南掠吴县（今属江苏）之横塘等镇。他们一路烧杀抢掠，给江苏人民带来了巨大的灾难。倭寇兵势延蔓至常熟、江阴、无锡（今均属江苏）等地。接着倭寇又出入太湖，当地明军竟无人敢抵御。俞大猷见状便与苏松兵备副使任环率兵袭击苏州陆泾坝的倭寇，一战便斩杀倭寇270余人，焚烧贼船30余艘。

这年六月，俞大猷又在三丈浦（今江苏沙洲东）阻击倭寇，焚其船7艘。随后，他又袭击进犯吴江（今属江苏）的倭寇于吴江莺脰湖，大败这支倭寇。倭寇被击败后，准备逃遁，他们抢掠民船、粮食。俞大猷率军追击至马迹山（在太湖中），活捉倭寇首领。此后，俞大猷多次追歼倭寇、焚其船只。被俞大猷击败的倭寇300余人逃至华亭（今上海松江）之陶宅镇，在八月间，他们多次打败严嵩死党赵文华所率之明军，其势转炽。明政府调军围击，俞大猷在这股倭寇败逃时，"入洋追之，及于老鹳觜，焚巨舰八，斩获无算"。

嘉靖三十五年（1556年）三月，抗倭有功的俞大猷升任浙江总兵官，他率部在上海、浙江西部追击倭寇驱逐了浙西的倭寇。当宁波舟山的倭寇恃险顽抗之时，"（俞）大猷乘大雪，四面攻之。贼死战，杀士官一人。诸军益竞，进焚其栅，贼多死，其逸出者复殪，贼尽平"。俞大猷因功加都督同知。

嘉靖三十六年（1557年），总督胡宗宪以计诱杀倭酋汪直，其余党毛海峰率倭寇占据舟山，阻岑港（今浙江定海西）以为守。他处倭寇纷纷前来聚合，倭寇势力甚炽，明军多次进攻不下。明廷严加催促，胡宗宪则以"贼指日可灭"回报，因此被朝臣弹劾，以至俞大猷、戚继光亦被夺职。朝廷命一个月内歼灭此支倭寇。

嘉靖三十七年（1558年）七月，在俞大猷的猛烈攻击下，这支倭寇才从岑港退至柯梅（今浙江定海北）造船入海。俞大猷又横击之，沉其一船。俞大猷决定乘胜追歼这股倭寇。但是，胡宗宪因围剿倭寇一年无功，所以愿意倭寇离去，竟不许俞大猷追击。此事又被御史弹劾。胡宗宪为保自己，竟诿过于人，归罪俞大猷，以至嘉靖帝诏下俞大猷狱，夺其世荫。经友人陆炳营救，朝廷才发放俞大猷去大同（今属山西）效力。

俞大猷虽屡遭陷害，但其杀敌报国之心始终不变。嘉靖四十年（1561年），俞大猷被调至广东平倭。由于他指挥有当，连连击败倭寇。但是，他的功劳又为广人所攘夺，对此，俞大猷泰然处之，并不与之计较。以后，俞大猷被擢为副总兵，协同守卫南昌（今属江西）、赣州（今属江西）、汀州（今属福建）、惠州（今属广东）、潮州（今广东潮安）等赣闽粤三省地区。在此任上，他又多次击败倭寇。至嘉靖四十二年（1563年），升任福建总兵官，他同戚继光一起大败倭寇，收复兴化（治所莆田，今福建莆田）。

嘉靖四十三年（1564年）潮州倭寇势炽，于是明朝廷便将俞大猷调镇潮州。当时，潮州有倭寇两万人，又同大盗吴平勾结，以为犄角。俞大猷到任之前，惠州参将谢敕同峒人作战失利。俞大猷到任后，峒人久闻他和"俞家军"的威名，所以峒人首领温七被俘后，另一首领伍端便向俞大猷请降，并表示要攻倭立功。俞大猷便让熟悉地形的伍端等峒人

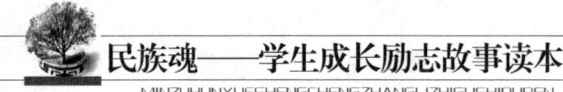
为前导，官军紧随其后，围倭寇于邹塘，四面举火，俞大猷率军一天一夜连克倭寇大营三处，焚死、斩杀400余倭寇。随后，俞大猷又在海丰（今属广东）大败倭寇。被俞大猷追杀得无处可藏的倭寇，便到崎沙澳（今广东陆丰南之海湾）、甲子澳（今广东陆丰与惠来之间海湾）抢夺渔船入海，结果被海风漂没，仅2000余人逃脱，聚于海丰之金锡都。俞大猷率大兵围攻，经过两个月，倭寇粮尽逃退，被俞大猷设伏袭击，杀倭将三人，这支倭寇大部被杀。这样，广东的倭寇在俞大猷的连续攻击下基本肃清。

在追歼倭寇的战斗中，俞大猷从江苏、浙江、江西、福建，一直打到广东，他为肃清倭寇"忠诚许国，老而弥笃"。他"用兵，先计后战，不贪近功"。他为人廉洁，驭下有恩，素"负奇节，以古贤豪自期"，所以，他虽多次遭严嵩奸党之诬陷，以至被下狱、夺官，又几次为人攘夺战功，但是，他保国保民、抗击倭寇之志至死不移。

武平（今属福建）、崖州（今海南崖县西）、饶平（今广东饶平北）为了纪念俞大猷，都设祠纪念俞大猷。

■心灵物语

俞大猷抗击倭寇，保卫国家、保护人民，是中华民族的民族英雄，因此也一直受到人民的尊重和爱戴。

■史海钩沉

俞大猷镇定自若

俞大猷性格刚毅沉着，豪迈乐观，不知忧苦。在浙东的一次海战中，突然遭遇风浪狂作，天昏地暗，船只几乎倾翻。军士因此而断炊两天，纷纷号哭不已，副将汤克宽更是大呼"海神保佑"，拼命许愿。

然而，俞大猷面对这种艰难处境不求神拜佛，而是岿然自若地对汤克宽说："我平生无所忧挂，今天如能与你一起溺海，了却生命，无负大业，

是最痛快的了！"须臾风平浪静，安然无恙。汤克宽很佩服俞大猷的胆略，遂拜俞大猷为师。

□文苑荟萃

舟　师

（明）俞大猷

倚剑东溟势独雄，扶桑今在指挥中。
岛头云雾须臾尽，天外旌旗上下翀。
队火光摇河汉影，歌声气压虬龙宫。
夕阳景里归蓬近，背水阵奇战士功！

李定国主张御敌抗清

> 李定国（1621—1662年），字鸿远，小号一纯，明末杰出的军事家，民族英雄。幼从张献忠起义，明末清初大西农民军领袖之一。李定国随张献忠起义军转战于秦、晋、豫、楚，临敌陷阵以勇猛称，又喜读兵法、《资治通鉴》诸书，在军中以宽慈著。有文武才，以勇猛著称，杀敌不计其数。大西政权建立，擢安西将军，同孙可望、刘文秀、艾能奇一起，被收为义子，合称四将军。后数年，大顺元年，献忠死后，率大西军余部进驻云南，联明抗清，从而立下赫赫战功。

明末清初，在南明政权灭亡后，两广地区的明朝官员瞿式耜等人拥立桂王朱由榔在广东肇庆即位，年号永历，历史上称他永历帝。

面对清军的大举南下，永历政权内部的一些大臣，如大学士瞿式耜、督师何腾蛟等，都积极主张联合农民军抵抗清军。

1647年11月，何腾蛟联合李自成大顺军的余部，在广西全州大胜清军；瞿式耜也在桂林两次击退了清军的进攻。一时间，南明军威名远扬，湖南、广东、广西、江西、四川、云南和贵州都纷纷归属于永历政权。可是，由于永历政权内部不团结，1649年，湖南被清军占领，何腾蛟在湘潭被俘就义，瞿式耜也在桂林城失守后被清军杀害。

瞿式耜殉国后，永历朝廷在李定国的扶持下，又坚持了多年的抗清战争。李定国是陕西延安人，10岁便参加了农民军。由于他机灵勇敢，故而被张献忠收为养子。成人后，他骁勇善战，被称为"万人敌"。张献忠建立大西国，封李定国为平西将军。

张献忠的养子除李定国外，还有孙可望、刘文秀、艾能奇等，都被封为将军。张献忠临死前，将五六万大军交给孙可望、李定国率领，嘱咐他们要联合明朝，不要投降清军。在这些养子中，以孙可望的年纪最大，李定国骁勇称第一。可是，孙可望有个人野心，忌妒李定国的名望，处处找机会打击他，而李定国始终以团结对敌的大局为重，尽量忍让孙可望。

后来，孙可望将永历帝接到了贵州，却把联合抗清的大臣抛到了脑后，只想着牢牢地控制住永历帝，实现他割据西南、独霸一方的野心。

这时，李定国正在云南训练军队，招兵买马，又从缅甸采购大象，组成象军。他还减轻当地老百姓的赋税，促进生产，保证了军队的供给，使军力日益强大起来。

1652年，李定国开始对清军发起进攻，北路军进攻四川，李定国自带的东路军攻湖南。临行前，李定国申明军纪：不杀人，不放火，不奸淫，不杀耕牛，不抢财物。因此，他的军队作战十分勇敢，纪律严明，受到了百姓欢迎，打了不少胜仗。

打下湖南沅州（今湖南芷江）和靖州（今湖南邵阳）后，李定国侦察到桂林的清军防守空虚，便决定分三路进攻桂林。后来因情况变化，他当机立断，集中兵力，突袭桂林。

桂林的清军主帅是定南王孔有德。他听说李定国的大军来袭，急忙点起军队，离开桂林，争抢战略要地严关。

农历七月初一，明清两军在严关交战，杀得难分难解。突然，大雨如注，雷电交加，李定国的象军一冲而上。清军战马听到大象的吼声，都吓得乱蹦乱跑，自相践踏，结果阵势大乱；而李军士兵奋勇砍杀，清军尸横遍野，大败而逃。

孔有德狼狈地逃回桂林城，李定国又率军尾随追杀到城外，日夜不停地围攻。孔有德亲自上城头指挥。李军将士冒着雨点一样密的箭，一浪又一浪地攻城，终于攻下了桂林。孔有德额头中箭，奔回王府。他彻底绝望了，跳进熊熊烈火当中自焚而死。

随后，李定国一鼓作气，又攻克柳州、梧州、衡阳、长沙，一直到

江西吉安，让清廷受到了很大的震动。清廷派出亲王尼堪率领精锐10万，气势汹汹向长沙杀来。

为了避开清军锐气，李定国主动撤到衡阳。双方血战了四昼夜，李定国下令假装打败后撤，尼堪跟踪追击，进入李定国事先设下的埋伏圈，被围住砍杀，全军覆没，尼堪也被杀死。

一连杀死两个亲王，消灭几十万清军，是明清两军开战以来明军最辉煌的一次胜利。李定国信心倍增，甚至制定了进军南京的作战计划。

李定国打下桂林后，曾宴请南明大臣，他说："南宋文天祥、陆秀夫杀身成仁，浩气固然照耀千秋，但我辈报效国家，不希望这样的局面发生啊！"但是，孙可望非常忌妒李定国的节节胜利和威望。他邀请李定国去沅州议事，企图陷害他。幸好有人告密，李定国才没遭毒手。为了避免冲突，李定国南下两广。但他在两广的作战并不顺利。与此同时，孙可望调派他的军队到湖南进攻清军，想抢个大功，结果却遭遇大败，就连李定国光复的许多城市都丢失了。

面对孙可望的行为，李定国始终希望能与孙可望和解，共同抵抗清军。

1657年，李定国派人去贵阳讲和，还将孙可望的家属送去。但孙可望依仗兵力众多，直接向李定国发起进攻。可是，到了阵前，他的许多将领都倒向李定国。孙可望只好带着二十几个亲信逃到长沙，投降了清军。

孙可望的叛变，严重地削弱了永历朝廷的军事力量。第二年，清军兵分三路，向云南、贵州发起进攻，明朝叛臣吴三桂与洪承畴都参加了进攻。清军占领贵阳、重庆后，直逼云南。李定国计划将有生力量转移到湖南、广西交界地区，积蓄力量，伺机反攻，或者南下与郑成功联络。但永历帝身边的一批小人却带着他逃往缅甸，苟延残喘。

李定国在腾冲东面、怒江西面20里的磨盘山设下埋伏，阻击清军。由于叛徒的告密，虽然消灭了部分清军，暂时阻止了追击，自己也遭到了重大的损失。

李定国曾多次派人去缅甸寻找永历帝，希望接他回来，但都没有结果。

1661年，吴三桂带着大军进入缅甸，逼缅甸国王交出永历帝。他把永历帝押回昆明后，马上绞死了他。最后一个南明政权到此彻底结束了。

1662年农历六月，李定国病重，在云南勐腊逝世。临终前，他对众人叮嘱说："宁愿死在荒郊野外，也不要投降清朝！"

■心灵物语

明清之际各方面人物当中，李定国是最耀眼的一颗巨星，他是明末反抗压迫的英雄，抗击满洲贵族武力征服和暴虐统治的杰出统帅。人已逝，业随风，但他矢志抗清的民族气节，穷且益坚的不挠斗志，必将不断激励后世。

■史海钩沉

李定国与郑成功

李定国是郑成功生平最为敬重之人，也是他最亲密的战略盟友，还是他的至亲"老亲翁"。原来，郑成功的侄女嫁给了李定国的长子，后来清兵大举进攻云贵时，南明兵败，郑成功的侄女与丈夫一起被杀。

郑成功生平最光辉的业绩，不是收复台湾，而是抗击清兵，与李定国一个在云南和广西，一个在东南沿海，频频给清兵以致命的打击，让南明政权支撑了长达20年之久，堪称擎天双柱；逼迫清廷不得不做出让步，采用怀柔政策对待汉族百姓，为后来的"康熙之治"打下基础。

■文苑荟萃

赞定国

佚名

胡风南渡尽草偃，大义捐嫌王出滇。

一身转战千里路，只手曾擎半壁天。

诸葛无命延汉祚，武穆何甘止朱仙。

板荡膻腥忠贞显，江山代代颂英贤。

 # 穿鼻洋大捷

> 关天培（1781—1841年），字仲因，号滋圃，晚清的民族英雄，江南淮安
> 府山阳县（今江苏淮安市淮安区）人。行伍出身，道光六年（1826年）任太湖
> 营水师副将，次年提升为江南苏松镇总兵。1841年2月26日，英军向虎门大
> 举进攻。关天培指挥，激励士兵奋力苦战，年逾六旬的他不幸中弹牺牲。最后，
> 守卫炮台的400多名将士全部壮烈殉国。

　　19世纪30年代后期，面对英、美等西方国家以不正当的鸦片贸易
毒害中国人民，一些有识之士力主禁烟。道光十九年（1839年），著名
的爱国者、禁烟派代表人物林则徐受命以钦差大臣的身份赴广东查禁鸦
片。这时，两广总督邓廷桢、广东水师提督关天培等人，已开始对鸦片
商人进行了查禁。林则徐到达广州之后，禁烟运动达到了新的高潮。四
月二十二日（6月3日）起，林则徐在邓廷桢、关天培等文武官员的协助
下，连续20余天在虎门海滩销毁收缴洋商的鸦片230多万斤。关天培作
为一名武将，始终如一地支持林则徐的禁烟行动。

　　道光十四年（1834年），"英吉利通商渐萌跋扈"。夏天，英国商务
总监督律劳卑径往广州，要求直接会见两广总督卢坤，遭拒。八月，律
劳卑便命两艘英舰闯入虎门，炮击虎门炮台，并停泊于离广州城70里
之黄埔河面。道光帝获悉后，大为震惊，把疏于防守的广东水师提督李
增阶革职，擢用有干济之才的关天培为广东水师提督，命关天培迅速赴

任，整顿、加强广东海防。

关天培受命之后，只身带家丁三人启程，日夜兼程，赶赴广州。到了广州之后，关天培"亲历海洋厄塞"。面对广东沿海防务薄弱的现状，关天培为了做好御敌准备，力请增置大炮。他领导广东水师"增修虎门、南山、横档诸炮台，铸6000斤大炮40座"，他还"请筹操练犒赏经费"。在关天培的悉心安排下，"将南山炮台前面余地添筑石基，建设月台，移置炮位"，并在"横档背面山麓及对岸芦湾山脚各建炮台一座，其河角、大角两处作为了望报信之台"。这样，广东海防出现了新的面貌，"自南山炮台起至大虎炮台，分作三股防堵。一闻信炮，即分上、中、下三路轰击"。经过关天培一年努力，新建了南山威远炮台、永安炮台、巩固炮台，新铸大炮59位，旧炮台也得到了加固和改进。对于腐败、松弛的广东水师，亦加以整顿，制定了训练考核的章程，挑选精壮士卒轮流操练。这一切大大加强了广东的海防，提高了水师的战斗力。

在协助林则徐禁烟、堵截趸船、销烟的同时，关天培更加悉心于海防事宜。他深知，遭到打击的英国侵略者是决不会善罢甘休的。于是关天培"严海防，横档山前海面较狭可厄，铸巨铁练横系之二重，阻敌舟不能迳过，炮台乃得以伺击"。在威远炮台之西，又添筑炮台一座，加强防御能力。关天培在增添设备的同时，还不断"督本标及阳江、碣石两镇师船排日操练"。关天培的这些努力，在日后的反侵略战斗中起了极大的作用。

恼羞成怒的英国侵略者蓄意挑起事端，关天培亲率舟师在虎门海口及穿鼻洋（广州虎门口外）海面巡防，保卫海疆，多次挫败英国舰只的挑衅。七月二十七日（9月4日），英舰五艘在九龙以索食为名，突然向巡防的广东水师船舰开炮，被广东水师击败。九月二十七日（11月2日），英舰"窝拉疑号"和"海河新号"开到穿鼻洋海面，拦截已遵照林则徐规定具结的英国货船"皇家萨克逊号"。次日，"皇家萨克逊号"货船正要进口时，英舰船逼迫其折回，不得进口。关天培正在查究之时，英舰率先开炮，攻击广东水师，挑起了穿鼻洋之战。

面对英国侵略者的进攻，关天培毫不畏惧，当即下令本船官兵开炮

回击，并指挥后面的水师各船舰协力进攻。关天培挺身立在桅前，手执腰刀指挥作战。他下令：敢退后者立斩！在激烈的战斗中，关天培手面受伤流血，但仍然屹立船头指挥。他宣布："有击中敌船一炮者，立予重赏。"广东水师虽然遭到突然袭击，而且装备较英舰差，损失较大，但在关天培的指挥和激励下，将士们奋勇作战。经过两个多小时的激烈战斗，广东水师发炮击中了"窝拉疑号"船头。英舰中炮后，一些英军受伤，有的落海。面对顽强作战的广东水师，英舰率先后退了，关天培领导广东水师取得了保卫海疆的胜利。为此，关天培受到清朝廷的嘉奖，被赐号"法福灵阿巴鲁图"。穿鼻洋战役之后，英舰又有6次进攻，企图占领官涌山，都被关天培指挥的广东水师击退。

■心灵物语

穿鼻洋之役，是中国水师与当时船坚炮利、称霸海上、不可一世的英国海军的第一次交锋，关天培以奋不顾身的英勇精神，领导广东水师将士取得了胜利，保卫了祖国的海疆，助长了中国人民的志气，极大地鼓舞了中国人民反抗侵略的斗志。

■史海钩沉

关天培誓与广州共存亡

道光十九年（1839年）十一月四日至十三日的10天内，关天培亲自率领水师连续六次击败英侵略者的野蛮进犯，迫使英侵略者一直不能打开广州这个重要门户。英侵略头子查·义律见武力打不开广州门户，便暗中派人星夜送信，允给关天培高官、重金，妄图收买关天培。关天培怒斥送信者，将信重重地摔在地上，并挥刀砍下身边碗口粗的木棉树，大声说："告诉你的主子，高官、重金都收买不了我，我人在广州在，誓与广州共存亡！"

第二篇

封疆治边

周穆王怀柔制犬戎

> 周穆王（生卒年不详），姬姓，名满。昭王之子，周王朝第五位帝王。他是我国古代历史上最富有传奇色彩的帝王之一，世称"穆天子"，关于他的传说层出不穷，最著名的则是《穆天子传》。

西周王朝经成、康、昭几代天子的努力，逐步完善了政治制度，严密了统治机构，形成了相对稳定的政治局面，奴隶制社会的经济得到了空前的发展。至穆王，更是达到了中国奴隶制时代的鼎盛时期。

周穆王是成王的曾孙，即位时已经50岁了。他凭借西周近200年积累起来的经济实力，一生多次四面出击，武功卓著。对他以武力征伐边远少数民族的行为，当时的卿士祭公谋父不以为意。

有一次，"穆王将征犬戎"，祭公谋父立即当面提出了劝告，认为不能这样做。他的理由是：先王耀德不观兵。夫兵戢而时动，动则威，观则玩，玩则无震。是故周文公之《颂》曰："载戢干戈，载橐弓矢。我求懿德，肆于时夏，允王保之。先王之于民也，懋正其而厚其性，阜其财求而利其器用，明利害之乡，以文修之，使务利而避害，怀德而畏威，故能保世以滋大。"

犬戎是古戎人的一支，当时游牧于泾渭流域（今陕西省彬州市、岐山一带），按旧说在周的荒服之中，即属于周因其故俗而治的地区。所以祭公谋父按照提倡德政的原则提出了"耀德不观兵"的基本方针。用

现在的话说，就是显示高度的文明来吸引和感化他们，而不能仅仅靠展现武力来镇压他们。

祭公谋父认为，周的先王都"非务武也"，而是"勤恤民隐而除其害"的；如果出现有不归服的情况，就要先检查和调整自己的政策，"修文""修名""修德"，万不得已才攻伐征讨；而对边远地区，则主要是进行说服，"增修于德而无勤民于远，是以近无不听，远无不极"。

当时犬戎与西周的关系如何呢？祭公谋父说：犬戎氏以其职来王，天子曰："予必以不享征之，且观之兵。"犬戎是臣服于周的，只是周穆王要寻衅而已！所以祭公谋父严厉地指出：其无乃废先王之训而王几顿乎！吾闻夫犬戎树悖，帅旧德而守终纯固，其有以御我矣！但是，志得意满的周穆王听不进祭公谋父的劝谏，不顾他的警告，"遂征之，得四白狼，四白鹿以归"，结果战果甚微。但因其暴兵劳师、伤威毁信，从此以后"荒服者不至"。

到了后来的周幽王，犬戎终于成为了申侯所联合的反周主要力量；犬戎"遂杀幽王骊山下，虏褒姒，尽取周赂而去"。

■心灵物语

对边远少数民族关系的处理，是多民族国家政治中的一个极其重要的问题。祭公谋父提出的"耀德不观兵"，是在正常时期处理这一问题的正确方针。穆王挑起事端，逞一时之志，致使"荒服不至"，最终逼迫犬戎成为了灭亡西周的势力，这一教训是值得吸取的。

■史海钩沉

成康文治

周王朝，在武王伐纣第二年，武王去世，其幼子诵即位，是为周成王。

如果说西伯昌、武王发是以"小邦周"夺取"大邦殷"统治地位的开国之君，那么，成王和康王则是真正让"小邦周"成为"大邦周"的治国

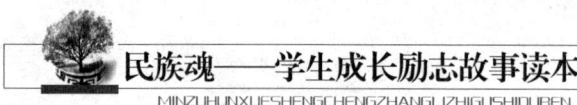
之君。

通过周公旦、成王诵、康王钊三代人的励精图治，周王朝的统治势力达到顶峰。史料记载，"成康之际，天下安宁"，刑措40年不用，颇有夜不闭户、路不拾遗的治世风气。那时，外有齐、鲁、晋、卫、郑等诸侯作为屏障，内有周公、召公、毕公作为扶持，因此，周王朝的统治昌盛而天下信服。

■文苑荟萃

八骏图

（唐）白居易

穆王八骏天马驹，后人爱之写为图。

背如龙兮颈如象，骨竦筋高脂肉壮。

日行万里速如飞，穆王独乘何所之？

四荒八极踏欲遍，三十二蹄无歇时。

 # 晁错的"边塞"论

晁错（公元前200—前154年），颍川（今河南禹县城南晁喜铺）人，是西汉文帝时的智囊人物。汉文帝时，晁错因文才出众任太常掌故，后历任太子舍人、博士、太子家令（太子老师）、贤文学。在教导太子中授理深刻，辩才非凡，被太子刘启（即后来的景帝）尊为"智囊"。因"七国之乱"被腰斩于西安东市。

西汉初年，汉朝对待北边游牧民族匈奴的态度，在汉文帝特别是汉景帝时逐渐发生了变化。这种政策性的变化，与晁错当时上言兵事，提出守边备塞的一系列建议有着密切的关系。

秦朝末年，匈奴头曼单于（音善于）乘中原动荡之机夺回了一度被秦将蒙恬收复的河南地。至其子冒顿（音默毒）单于杀父自立，西破月氏，东击东朝，北服丁零，南并楼烦、白羊，有控弦之士30万，并在汉初屡犯汉的燕、代之地。汉高帝七年（公元前200年），匈奴兵围马邑（今山西省朔州市），南扰太原。

刘邦亲自率军30余万出击，至平城白登山（今山西大同东北），遭匈奴骑兵围困。刘邦不得已派刘敬前往，缔结"和亲"之约，答应以公主嫁单于，岁奉贡献，并开关市与交易等条件，以换取与匈奴的和平相处。然而，匈奴恃其强盛，此后仍不时侵扰长城以南地区，其骑兵一度烧毁回中宫，前锋直指长安甘泉。所以，当时的一些有识之士如贾谊等人对汉朝的屈辱忍让态度十分不满。贾谊用"天下之势方倒悬"来形容这种不相称的关系，而"倒悬如此，莫之能解，犹为国有人乎？"所以

他毛遂自荐，请"为属国之官以主匈奴""必系单于之颈而制其命"。虽然贾谊热情可嘉，班固却讥笑他"其术固以疏矣"。总之，书生气十足。相比之下，晁错就比他高明得多了。

晁错在给汉文帝所上的言兵事疏中指出，作战的胜败不在于民的勇怯，而在于将吏指挥的巧拙。敌对双方交兵取胜的诀窍有三，一曰得地形，二曰卒服习，三曰器用利。这三者是互有联系、相互统一的。什么样的地形，就应该使用相应的兵种和兵器。例如，山林径川是步兵之地，车骑二不当一；平原广野是车骑之地，步兵十不当一；平陵川谷是弓弩之地，短兵百不当一；两阵相近是长戟之地，剑盾三不当一；草木繁茂是予铤之地，长戟二不当一，如此等等。

接着，晁错又具体分析了中国和匈奴的地形，以及由此引起的技艺特点。他认为，两者各有长技，也自有短处。譬如，匈奴的骑兵且驰且射，饥渴不困，这是匈奴的长技，而为中国之兵所不及。可是到了平原作战，又是另一番情景：中国的轻车突骑远胜于匈奴的乌合之众；劲弩长戟，坚甲利兵，剑戟相接更是中国士兵的长技。总体来说，匈奴的长技有三，中国的长技有五。加之两者兵力悬殊，打败匈奴应该是有把握的。

那么，究竟怎样抵御匈奴的侵扰呢？晁错并不主张调发大军贸然发动攻击，而是提出了两条"万全之策"：一曰以夷制夷，二曰徙民实边。

晁错认为，降附汉朝的胡人义渠蛮夷之属有数千人之多。他们的饮食、长技与匈奴相同，如果装备以坚甲絮衣、劲弓利矢，由边郡良将统率，再与轻车等互为表里，配合作战，那么就是战胜匈奴的"万全之术"。

关于徙民实边，晁错是从两方面考虑的：一方面，秦朝发卒戍边，但戍卒不服边郡的水土，结果戍者死于边，输者怨恨于道，"秦民见行，如往弃市"。"今秦之发卒也，有万死之害，而亡铢两之报，死事之后不得一算之复，天下明知祸烈及已也。"秦朝强迫行之，结果是戍卒陈胜在大泽乡振臂一呼，"天下从之如流水"，起义的浪潮最后终于席卷了不可一世的秦王朝。另一方面，匈奴以游牧为主，主要是骑兵，其特点是往来转徙，时至时去。如果汉朝发卒在边郡候备，这无疑是守株待兔。一旦匈奴乘虚侵扰，汉朝是否派兵援救，就成了进退两难的事。如此连年，则中国贫苦而民不安矣。何况远方戍卒守塞，一岁一更，对匈奴既不了解，也没有那种保卫家园的责任感。为了摆脱这种被动局面，晁错建议徙民实边，让他们一边定居从事农业生产，一边防守边境，可以"使远方无屯戍之事，塞下之民父子相保，亡系虏之患，利施后世"。

于是，汉文帝采纳了这一建议。

■心灵物语

徙民实边有多方面的好处。它减轻了内郡狭乡的人口压力，缓解了土地兼并的社会矛盾，开发了边郡，抵御了外来的侵扰。为此，汉武帝时大规模地推行这一措施，对后世封建王朝也有重大影响。

■史海钩沉

晁错备受信赖

汉后元七年（公元前157年），文帝去世，太子刘启即位，是为景帝。

景帝即位后，立即提升晁错为内史（京师长安的行政长官）。晁错也曾多次单独觐见景帝，议论国家大事，景帝对晁错可谓言听计从，其宠信程度超过了九卿，许多法令是经晁错的手修改订立的。

这让丞相申屠嘉心中十分不满，但又无法伤害晁错，只好寻找机会。正巧，内史府坐落在太上庙（刘邦父亲的庙）外面的空地上，门朝东开，进出有些不方便。于是，晁错就另外开一个从南面进出的门，凿通了太上庙外空地的围墙。申屠嘉知道后，大发雷霆，想借此过失，报请皇帝杀掉晁错。

晁错得到消息后，立即单独向景帝说明了情况。等到申屠嘉到景帝面前告状，说晁错擅自凿开庙墙开门，请把他送交廷尉处死时，景帝却对申屠嘉说："晁错凿开的不是庙墙，只是庙内空地上的围墙，没有犯法。"申屠嘉只得谢罪而退，一气之下，一病不起，不久就死了。这样一来，晁错的地位就更加稳固了。

 唐太宗妥安东突厥

温彦博（574—637年），名大临。隋朝至唐初并州祁县（今山西祁县东南）会善村人，温大雅之弟，唐初宰相。温彦博青年时代即与兄温大雅、弟温大有皆以品行、学识、文章闻名于世，时号"三温"。兄弟三人从小就被薛道衡断言皆卿相之才，曾被突厥流放阴山的温彦博最终成为与房玄龄、魏征等名臣共同辅政的宰相之一，死后获得陪葬昭陵的殊荣。

　　突厥是匈奴之别种，姓阿史那氏，隋朝初年一度相当强大，不断入侵内地。后被隋军所败，分裂为东、西两部，史称东突厥、西突厥。

　　隋开皇十九年（599年），东突厥突利可汗降隋，隋文帝封他为启民可汗，以宗室女义成公主嫁之。其部众迁到河套南面畜牧，受隋保护。隋炀帝大业七年（611年），地处西域的西突厥处罗可汗也投降了隋朝。但是在隋末，突厥又强大起来，不断内侵。尤其是东突厥，近傍内地，危害尤甚。当时天下大乱，群雄并起，北方诸割据势力多向东突厥称臣，借助其力量。而东突厥统治者也封他们为可汗，分别从他们那里获得子女金帛，并且对他们实行分而治之的政策，以便维持这种割据格局，从中得到长久的利益。

　　唐高祖李渊起兵反隋时，为了安定后方，免除后顾之忧，也曾向东突厥称臣，岁送金帛子女。唐朝建立并且统一中国后，东突厥无法像从前那样坐取财富，于是频繁入侵，不仅边境不宁，内地也常受其害。唐高祖因此曾想迁都，被唐太宗李世民等劝谏而止。东突厥已成为唐初最

大的边患。

为了巩固政权，安定社会环境，唐朝在太宗即位后，开始大举反击突厥。贞观初年，东突厥颉利可汗和突利可汗之间因争权夺利矛盾激化。贞观二年（628年），突利可汗请唐朝出兵攻打颉利。唐太宗君臣抓住这一机会，一方面对东突厥统治者进行分化瓦解，另一方面积极备战。贞观三年（629年）冬，唐太守命徐世勣、李靖等率军10余万，向东突厥全面进击。次年初，李靖等大破突厥，突利可汗被迫来降。颉利可汗遁走铁山（今内蒙古阴山北）。李靖乘胜追击，深入大漠，擒颉利可汗，俘其众10余万，东突厥灭亡。

东突厥灭亡后，如何安置多达10余万的东突厥部众，如何重新布设边防、安定边境，是亟待解决的重要问题。关于这类问题，历来有两种做法，一种是仍让该族人口留居旧地，恢复其国，任其自生自灭；另一种是将其部众迁居内地，同中原王朝之间维持一定联系，并在一定程度上受中原王朝控制。

究竟对东突厥应当采取哪种方法？唐太宗命群臣商议此事。中书令温彦博建议仿照东汉光武帝在五原塞下安置投降匈奴的故事，将东突厥部众安置在河南一带，"全其部落，得为捍蔽，又不离其土俗，因而抚之，一则实空虚之地，二则示无猜之心，故是含育之道也"。而魏征坚决反对这种意见，主张将他们"遣还河北，居其旧土"，认为"今降者几至十万，数年之后，滋息过倍，居我肘腋，甫迩王畿，心腹之疾，将为后患，尤不可处以河南也。"给事中杜楚客等人也赞成魏征的意见。温彦博则据理力争，提出："今突厥破除，余落归附，陛下不加怜悯，弃而不纳，非天子之道，阻四夷之意，臣愚甚谓不可。宜处之河南。所谓死而生之，亡而存之，怀我厚恩，终无叛逆。"他还提出了安置突厥旧部的具体方法："教以礼法，选其酋首，遣居宿卫""河南、河北，任情居住，各有酋长，不相统属，力散势分，安能为害？"

这实际上是一种用强大的武力征服周边民族后，再施之以安抚和分而治之、文化渗透的恩威相济的政策，是用怀柔方式感化被征服民族，用汉族文化同化被征服民族。这种方法如果运用得当，是可以永保边境和平的。它显然比魏征等人提出的任由被征服民族复国和自行发展的方针要高明得多。所以，温彦博的这种主张理所当然地被历来主张对汉族和其他少数民族"爱之如一"的唐太宗所采纳。

于是，唐朝政府在东起幽州、西至灵州（今宁夏灵武西南）的地带设置了顺、祐、化、长四州都督府，来管理、安置内附的10余万东突厥人，让这些人维持其部落体制和本族习俗，派人传授汉族的先进文化和生产技术，帮助发展生产。同时，在颉利可汗故地设定襄、云中两都督府，下设六州，任用原来的突厥酋长为刺史，来管理当地留存的突厥部落。

唐太宗还将近万家突厥贵族迁居长安，其中被唐朝政府任命为将军、中郎将等五品以上官者达百余人。通过这些措施，唐朝政府不仅达到了对突厥贵族分化瓦解，对突厥各部分而治之的目的，而且大大增强了归附的突厥人对中原政权的向心力，从而强化了对边地的控制。大批东突厥人吸收了汉族文化，逐渐同内地人民融为一体。从此，唐初以来威胁最大的边患不复存在，西北边境保持了相当长一段时间的和平。到武则天当政时，有颉利部的骨咄禄纠其部众，自立为可汗。至其弟默啜可汗时，亦相当强盛，常扰边地，但终究不能成大气，很快便告衰败。唐玄宗时，其部降于唐朝，此后基本上再无突厥犯边之事。唐太宗对突厥的怀柔政策，产生了积极的作用。

■心灵物语

唐太宗妥善安置东突厥之事，虽然主观上是为了维持其封建统治，但在客观上促进了汉族与突厥之间的联系，有利于统一、多民族国家的发展，成为历史上的一段佳话。

■史海钩沉

温彦博坚贞不屈

武德八年（625年），突厥部率骑兵10余万大掠朔州之后，又进犯太原。唐高祖李渊任命温彦博为行军长史，协助右卫大将军张瑾反击突厥。

不久，唐军与突厥在太谷（今山西太谷）大战，唐兵全军覆没，温彦博兵败被俘。突厥贵族因温彦博为皇帝的近臣，逼问他唐朝兵粮虚实，温彦博坚贞不屈，拒不回答。突厥大怒，将温彦博流放到了阴山的苦寒之地。

■文苑荟萃

《温彦博碑》

《温彦博碑》全称为《唐故特进尚书右仆射上柱国虞恭公温公碑》，由岑文本撰文，欧阳询书，唐贞观十一年（637年）十月立。该碑文共有楷书36行，每行77个字，碑额阳文篆书"唐故特进尚书右仆射上柱国虞恭公温公碑"18个大字。

明代赵涵在《石墨镌华》中评价说："此碑字比《皇甫》《九成》善小，而书法严整，不在二碑之下。"并叹："时信本已80余，而楷法精妙如此。"

诚然，欧阳询所书《虞恭公碑》已达到了艺术的化境，细观此碑书法，已脱离了"欧体"在《九成宫》《化度寺》中所具有的凝厚、严谨的特征，而更趋于自然流畅。此时，欧阳询在作楷书时已能达到随心所欲、运笔自如的状态了。

朱元璋册封定贵州

马皇后（1331—1382年），名秀英，安徽宿州人。她是仁慈、善良、俭朴、爱民的一代贤后，敢于在明太祖施行暴政时进行劝谏，保全了许多忠臣良将的性命。她善待后宫嫔妃，不为娘家谋私利，开创了明朝后宫和外戚不干政的风气。

贵州地处我国西南，自古为少数民族聚居之处。三国以前，这里被称为"罗施鬼国"。三国蜀汉时，诸葛亮南征孟获，彝族有个名叫火济的首领从征有功，封为罗甸国王。自此以后，这里便始终接受历朝封爵，世代相承，直到元末明初。

明朝建立之初，云南、贵州尚未归附。云南由元梁王驻守，贵州有元宣慰使霭翠守水西，宣慰同知宋钦守水东。

明太祖洪武十四年（1381年），明军占领了云南，第二年设置了贵州都指挥使司。当初明太祖命诸将征云南时，曾谕诸将说："前已置贵州都指挥使司，然霭翠辈不尽服，虽有云南，不能守也。"他已经看到贵州对西南稳定的作用。

明军平定云南后，元贵州宣慰使霭翠与同知宋钦同时归附，明太祖仍授之以原官居守。

洪武十四年（1381年），宋钦、霭翠先后病死，宋钦妻刘淑贞、霭翠妻奢香代袭夫爵，继续分守水东、水西之地。当时朝廷派驻贵州镇守的都督马烨认为这是"改土归流"的机会，想借机废掉水西、水东土司，改置郡县。恰好这时候奢香犯有小罪。马烨于是命人将奢香抓来，剥光衣服，鞭挞凌辱。奢香是一位年轻漂亮的女土司，受到这般凌辱，一时民情汹汹，势将致乱。

这其实正是马烨的计策。马烨镇守贵州，一向主张以武力镇压少数民族各部，因其杀戮甚众，当地人送他个绰号叫"马阎王"。他此次有意凌辱奢香，目的是要激起水西、水东诸部之怒，以寻衅用兵。

事发后，水西48部彝民果然纷纷欲反。刘淑贞得知后，赶去劝止道："吾为汝诉天子，天子不听，反未晚也。"待各部暂时安定下来后，她便带了几名随从，飞骑赶往当时的京师南京。

不久前宋钦去世时，刘淑贞曾带儿子一起入京朝见，得到明太祖的赏赐。她感到明太祖是位有远见卓识的有为之君，这次事情急迫，因此火速入朝申诉，希望皇帝主持公道。

明太祖在宫中召见了刘淑贞。

"罗夷服义贡马七八年，非有罪，马都督无故骚屑，恐一旦糜沸，反谓妾等不戢，敢昧死以闻。"刘淑贞廷告御状，明太祖听罢，点头未语。回到后宫，明太祖对马皇后谈起此事。

"朕固知马烨忠洁无他肠，第何惜借一人以安一隅也！"明太祖这时便已下定决心，为保贵州安定，牺牲马烨。表面看起来，这种政治家的做法有些过于残酷了，但实际上是马烨在贵州的所做所为违背了明太祖以抚绥为主的政策。

马皇后在后宫再次接见了刘淑贞，对她说道："汝能为我召奢香乎？"

"能。"刘淑贞回答得毫不犹豫。

于是命她前去召奢香入宫。

按照《明史》的记述，奢香率所属入朝在洪武十七年（1384年），有些史书中记述说，马皇后折简令奢香速入见，奢香于是同其儿媳奢助飞骑入京，向明太祖及马皇后讲述了世代守土之功及马烨的罪状。

"汝诚苦马都督，吾为汝除之，然何以报我？"明太祖对奢香说道。

"愿世世戢诸罗，令不敢为乱。"奢香叩头回答。

"此汝常职，何云报也！"明太祖不满足于一时的安定，还要求长治久安。奢香想了想，说道："贵州东北有间道，可通四川，梗塞未治。愿刊山通道，以给驿使往来。"

疏通川贵之路的意义远不止利于驿使往来之便，这实际上是奢香放

弃贵州与内地的封闭，表示了对当时朝廷的最大忠诚。明太祖对此感到十分满意。

直到明太祖传旨召马烨入朝时，马烨才知道刘淑贞与奢香入朝之事，恨之已晚，叹道："孰谓马阎王，乃为二妮子坑耶！悔不根薙赭为血海也。"他见到明太祖，任其历数罪状，一句也没有解释，只说："臣自分枭首久矣。"马烨算是死得明白的，他的那些罪状在当时来说也许算不得什么，但是形势所需，他便是必须牺牲的一个。

马烨被斩首的同时，奢香被封为顺德夫人，刘淑贞被封为明德夫人。马皇后还为此赐宴于谨身殿，对奢香、刘淑贞赏赐甚厚，可谓是厚待之极。可是当奢香、刘淑贞离京回归时，明太祖又命沿途官府陈兵耀武，让她们看到朝廷的实力，明白朝廷的"威德"。

明太祖的这番做法收到了极好的效果，奢香等人回去后，将朝廷"威德"告知各部，各部自是对朝廷心生敬畏。奢香又命各部开通赤水（今贵州西北）、乌撒（今威宁彝族回族苗族自治县）之道，立龙场（今贵州修文）等九驿，直通四川。

■心灵物语

奢香入朝及通川贵之举，后来被人们传诵为明初盛事。这件事为后来明朝廷正式开设贵州布政使司及改思州等宣慰司为八府奠定了基础。可见，中华民族大家庭的融和，与历代政治家的努力是不可分的。

■史海钩沉

马皇后关心太学生

明太祖朱元璋的皇后马皇后对士庶的生活十分关心。明朝太学建成，朱元璋临幸回宫，马皇后便问有多少学生，回答有几千名。当时，有些太学生都携带眷属来到京城，他们没有薪俸，无法养家，马皇后便建议朱元璋按月为他们发放口粮。朱元璋接受了这个建议，专门设立"红板仓"，用于存储粮食，发给太学生。此后，"月粮"便成为明代学校的一项制度。

明成祖五征大漠北

明成祖朱棣（1360—1424年），明朝第三位皇帝，明太祖朱元璋第四子。生于应天，时事征伐，并受封为燕王，后发动"靖难之役"，起事攻打侄子建文帝，夺位登基。死后原庙号为"太宗"，百多年后由明世宗朱厚熜改为"成祖"，明成祖的统治时期被称为"永乐盛世"。

明太祖朱元璋在统一全国后，将经营重点逐渐移到北边。因为这时元朝的残余势力还在漠北活动，并且经常骚扰边镇。当时明朝对付北元的战略方针主要是屯兵防守，同时辅以命将出征。这是因为明朝建国之初，乱后求治，百废待兴，只要边塞安定少事，无力主动出击。

明成祖本来是作为藩王镇守北平（今北京）的，明太祖死后，他起兵夺位，从侄子建文帝手中夺得皇位。这位长期镇守塞下的藩王出身的皇帝，比他的父亲更懂得经营北边的重要性，况且他即位时，明朝已建国三四十年，国力渐强，明成祖对他父亲北边战略作了调整，改变过去以防守为主的策略，而采取了主动出击为主的战略方针。于是出现了"五出漠北，三犁虏庭"的境况。

北元的情况在明初也是不断变化的，洪武后期，北元陷入了内部纷争之中。从脱占思帖木儿到坤帖木儿，五代君主都是被杀的。这样杀来杀去，弄得帝号也无从知晓。鬼力赤自立为可汗后，索性去掉国号，恢

复了蒙古族原来的部落名号，称为鞑靼，也不再管什么"故元"不"故元"了。这时在鞑靼西边还有一支蒙古部落，叫作瓦剌。元朝灭亡后便由元朝强臣猛可帖木儿所据，猛可帖木儿死后，这一支部族又分裂为三部分，分别由马哈木、太平、把秃孛罗三个首领所控制。

元朝的国号已经没有了，旧臣也大都故去，这时的蒙古族已经没有南下复国的希望与可能，然而他们与明朝的关系始终十分微妙。

明成祖当初打着"靖难"的旗号夺位时，不仅朵颜三卫的蒙古骑兵为其所用，鞑靼的骑兵也介入到这场夺位之争中，在牵制辽东军马方面帮了明成祖不小的忙。

明成祖在南京即位时，鞑靼正在同瓦剌相互撕杀，大队蒙古骑兵经常往来塞上，也常与明军发生冲突。明成祖虽然明知北边的重要性，但是夺位登极之初力不从心，只好命将慎守："严固边备，审度时机可发军则发，不可即止，务在万全，慎毋轻率。"

明成祖多次致函鞑靼可汗鬼力赤，希望通过怀柔政策使其归附。然而这种单纯的招抚显然毫无效果。直到永乐七年（1409年）春天，鞑靼南下骚扰时，遭到明军打击，20多人被俘。明成祖特命给事中郭骥带着书信礼物和俘虏送归鞑靼，但得到的回答是郭骥被杀。这时鞑靼的首领本雅失里和阿鲁台并准备南下袭击边卫。于是，明成祖震怒了。

倘若事情发生在几年前，明成祖一定会谕令将士们小心守备，以防为主。如今形势不同了，经过七年的苦心经营，他感到已经有足够的力量采取主动进攻，教训一下桀骜不驯的本雅失里和阿鲁台。

本雅失里和阿鲁台这时在同瓦剌争战中失利，退驻胪朐河。这对明朝方面来说是个好机会，明成祖抓住时机，命淇国公丘福率师出征。出师前，他一再告诫诸将："兵事须慎重。自开平（今内蒙古自治区多伦以北）以北，即不见寇，宜时时如对敌，相机进止，不可执一。一举未捷，俟再举。"他唯恐诸将轻敌，出师之后还一再派人谕告，对于那些可以轻易取胜之类的话切勿相信。他把这次出征比喻为打猎，让丘福用缚虎之力去缚兔，以保万无一失。

这次出征的结果却与他的愿望相悖，丘福等人轻敌冒进，中伏大败，全军覆没于胪朐河。这消息与其说使明成祖感到震惊，毋宁说更使他感到懊悔。用非其人，他不得不承担起失败的责任："福不从吾言，以至于此。而将士何辜？此朕不明知人之过。"

按照史书的记载，在命丘福北征的同时，明成祖曾有过亲征的计划。他在写给本雅失里的敕书中说道："今命征虏大将军率师往问杀使者（郭骥）之故，朕明年必亲率大军往正尔罪。"这在当时也许只是警告，因为如若丘福出师奏凯，明成祖其实无须于次年再次亲征。然而丘福兵败丧师，于是再次北征成为必然。这才使明成祖下定决心，要亲自率师北征。

正式出师是在永乐八年（1410年）二月初十。经过艰难的长途跋涉，五月初一，明军进抵胪朐河，这就是不久前丘福丧师之地。皇帝亲征的巨大压力造成了鞑靼内部的分裂，本雅失里率部北走，阿鲁台则率部东去。明成祖首先集中兵力追击北走的本雅失里，将其击溃，又向东再败阿鲁台，在大获全胜后班师还朝。

这确实是一次相当艰难的远征。虽然出师前对军饷做了周密安排：从北京至宣府（今河北宣化）沿途以各卫仓逐城支给，再北则用武刚车3万辆，运粮20万石，随军而行，每十日路程筑一城贮粮，以待回师之用。尽管如此，当明成祖班师回朝时，军队几乎断粮，他把御用的储粮散发给将士，又命军中互相借贷接济，还京后倍偿，才暂度饥困。

这次北征收到了明显效果，第二年冬天，阿鲁台便主动遣使来朝，表示愿意归附。阿鲁台同时还提出请求役属女真和吐蕃诸部，请朝廷刻金作誓词，磨金于酒中，同诸酋长饮酒誓盟。不少朝臣主张准许其请，以求安宁，唯独阁臣黄淮反对。

"彼势，分则易制，一则难图。"黄淮的看法与成祖一致。

"黄淮论事，如立高岗，无远不见。"明成祖对他表示了赞许。

明成祖不仅不准许鞑靼与女真、吐蕃合一，而且当鞑靼力量削弱，瓦剌势力扩大时，明成祖便决心再一次亲征，打击瓦剌的实力。永乐十二年（1414年）三月，明成祖亲自率领50万大军进行了第二次北征。

这一次北征的战况比前一次更加激烈，双方战于忽兰忽失温（今蒙古国乌兰巴托附近），死伤相当，"几危而复攻"。从征的皇太孙也有危险。但是瓦剌也经此战而衰弱，此后大约七年多时间里，北边基本上保持了安定。

这次北征的激战，促使明成祖下定迁都北京的决心。永乐十九年（1421年）完成的迁都之举，为明成祖经略北方提供了更加有利的条件，但是明成祖没有审时度势地看到鞑靼和瓦剌都已无力南下的大势，为使自己迁都之举不致落空，他盲目地进行了第三次、第四次和第五次亲征，给人们留下了"穷兵黩武"的印象。

永乐二十年（1422年）的第三次亲征，因朝中主要大臣的反对而准备不足。在数十万出征将士之后，是由驴马34万匹、车约18万余辆、民夫23万余人组成的庞大的后勤队伍，运送着37万石军粮。这是一支无法进行机动快速作战的军队。明军这次出征行军速度，从出发到抵达应昌，比永乐八年（1410年）的第一次北征慢了几乎一倍。用如此笨重的大军去追击行动迅速的鞑靼骑兵，结果是可想而知的。

明成祖在回师时说："朕非欲穷兵黩武也。"大约他已感到这次出师有"穷兵黩武"之嫌了。待到3年后明宣宗即位时，戍边的原广信知府范济诣阙上言八事，其中第七事即专讲"毋以穷兵黩武为快"。虽未点明，其实所指为明成祖。

永乐二十一年（1423年）的第四次出征，可以看作是20年出征的继续，越是无功而还，越要去出征，这是近乎负气的举动，靠碰运气去征讨敌人。也正因为如此，才会有一年后的第五次亲征，以致成祖本人死于回师途中的榆木川。

人们都比较熟悉明成祖第一次亲征途中说过的一段话："今灭此残虏，唯守开平、兴和、宁夏、甘肃、大宁、辽东，则边境可永无事矣。"这段话被从征的文臣记录下来。这不是一时随口而谈，因为内容实在太具体了。守卫宁夏、开平、辽东一线，是明初经略北方的总体设计。这一战略的设计者，就是明太祖和明成祖。

□**心灵物语**

　　尽管明成祖五次亲征的效果不同，但其目的和作用都只有一个：抑制鞑靼和瓦剌势力的发展及其防止他们割据。当然，在鞑靼、瓦剌势力已经非常弱的情况下，成祖应该积极开发边卫，而不应一再兴师远征。不过，永乐北征作为一个整体，毕竟是明初经略北方的壮举，具体安排上的失误，并未改变整体局面，后三次出征的徒劳，也从侧面反映了明朝政府对边境地区控制力的加强，其结果维持了20多年的边地稳定。这便是许多后世史家，如明朝人王世贞等，不将永乐北征视为弊政，而看作是明成祖功德的原因。我们今天当然更不能苛求古人。

□**史海钩沉**

明成祖改革吏治

　　明太祖朱元璋在位期间，由于废除了丞相制度，皇帝直接领导六部，事无巨细，所以皇帝是十分辛苦的。

　　到了明成祖朱棣统治时期，明成祖完善了文官制度，在朝廷中逐渐形成了后来内阁制度的雏形。这个内阁制度还被西方国家所效仿，并一直延续到现在。不过，内阁的品级不高，一般要经过翰林院庶吉士锻炼，后来便形成了"不是庶吉士不能进内阁"的潜规则。

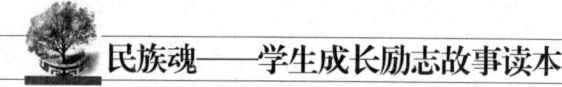
雍正帝遏制准喀尔

清世宗爱新觉罗·胤禛（1678—1735年），满族。母为康熙孝恭仁皇后乌雅氏，清圣祖玄烨第四子，是清朝入关后第三位皇帝，1722—1735年在位，年号雍正，死后葬于清西陵之泰陵，庙号世宗，谥号敬天昌运建中表正文武英明宽仁信毅睿圣大孝至诚宪皇帝。

　　清朝对于西北边疆的统一，经过了康、雍、乾三朝近百年的努力方得以实现。其间，清廷与准噶尔部的斗争最为激烈。清初，在西北的诸多少数民族游牧部落中，厄鲁特蒙古的准噶尔部是最强大的。他们的几代首领凭借较为雄厚的经济实力，不断对周围其他部落进行掠夺战争，并多次与清廷分庭抗礼，成为清初西北边疆不安定的重要因素。

　　康熙二十九年（1690年）至三十六年（1697年），康熙帝曾三次亲征准噶尔猖乱首领噶尔丹，平其叛乱。噶尔丹的叛乱虽被平定，但准噶尔部同清政府的斗争并未结束。康熙末年，以噶尔丹侄子策妄阿拉布坦为首的准噶尔势力又日渐强盛，与清政府的矛盾和冲突也日趋扩大。清政府曾多次用兵遏制了其势力的发展。

　　雍正五年（1727年），策妄阿拉布坦死，其子噶尔丹策零继为准噶尔首领。噶尔丹策零"狡黠好兵如其父"，他一方面努力发展生产，与周围各部广泛进行贸易，以积蓄力量，伺机而动；一方面又不断侵扰其他部落，以扩充实力。雍正初年，青海和硕特部首领罗卜藏丹津发动叛乱被平定后逃至准噶尔。清廷闻讯后向噶尔丹策零索要逃犯，噶尔丹策零为显示力量而拒不交出。于是，雍正七年（1729年），清廷以噶尔丹策零屡次骚扰喀尔喀，且收容罗卜藏丹津，决定兴兵讨伐。

这次对噶尔丹策零的讨伐，从雍正七年至十年（1732年），清廷用了三年的时间才得以取胜。其间，清军屡受挫折，并且遭受了自清初以来在西北用兵中最惨重的失败，可谓胜利来之不易。雍正帝是个有作为的皇帝，论文治，堪称一代明君，但论武功，却远不及他的父亲康熙皇帝，也比不上他的儿子乾隆皇帝。

清军的失利，与雍正帝不会用兵有直接的关系。然而，雍正帝毕竟是个有魄力的皇帝，他能在战局极为不利的情况下，适时、果断地启用归附不久的喀尔喀蒙古首领之一的额附策凌，并委以重任，使其率领勇敢彪悍的喀尔喀蒙古军冲杀在平叛的第一线，终于扭转败局，取得了最后胜利。雍正帝不会用兵，但会用人，这成为平叛取胜的关键，也是为后世所称道的。

雍正七年，雍正帝派领侍卫内大臣傅尔丹率军出师北路，川陕总督岳钟琪率军出师西路，两路大军分进合击。噶尔丹策零闻讯，采用缓兵之计，声称本欲将罗卜藏丹津解送清廷，只因听说清兵出动，方中止，如能赦其既往，愿听从清廷的命令。雍正帝不知是计，竟谕"暂缓出师"。想不到就在缓兵期间，噶尔丹策零出兵2万突袭西路清军大营，清军损失很大。雍正帝急令北路大军进援西路军。

雍正九年（1731年）四月，北路傅尔丹率清军进驻科布多。噶尔丹策零侦知后，于同年六月，命大小策零敦多布率军3万进犯北路。准噶尔军先派人至傅尔丹军中诈降，诡称：噶尔丹策零大军未到，仅有小策零敦多布率领1000名士兵驻于察罕哈达。"勇而寡谋"的傅尔丹中计，立派4000人马往袭，结果进入准噶尔军的包围圈。早已埋伏于山谷中的2万余准噶尔军立即向清军发动攻势，顿时，"笳声远作，毡裘四合，如黑云蔽日"，把傅尔丹派出的4000名前锋部队紧紧包围在和通泊地方。傅尔丹又派兵往援，也遭到失败。和通泊战役，清军损失惨重，"副将军巴赛、查纳弼以下皆战死"，西路军3万人，逃回科布多者仅2000人。

噶尔丹策零取得和通泊战役的胜利后，进一步滋长了扩展势力的野心，并把主攻方向放在了北邻的喀尔喀。不久，便遣大小策零敦多布率兵2.6万人进犯喀尔喀。喀尔喀郡王额驸策凌与亲王丹津多尔济采用诱敌深入的方略，于鄂登楚勒大败准噶尔军。

鄂登楚勒的战斗，并未改变噶尔丹策零进攻喀尔喀的野心，但却给雍正帝带来了希望。他看到了一支可以借用的力量，一支足以击败噶尔丹策零的力量。于是，他立即将额驸策凌晋升为亲王，并将喀尔喀蒙古军调往平乱的第一线。这是一个极其英明的决策。

清入关后，由于地位的变化，清军早已没有入关时的那种锐气，这在康熙平定三藩之乱时就已明显地表现出来。当时，康熙帝主要依靠汉人组成的绿营兵作为平息三藩之乱的主力。今日，雍正帝又把喀尔喀蒙古军推上第一线，与康熙帝的做法可谓有异曲同工之妙。喀尔喀蒙古归附清廷时间不久，长期以来又多次受到准噶尔的侵犯，与准噶尔军势不两立，因而无论从报效清廷考虑，还是为了复仇，这支勇猛善战的队伍都是一支不可低估的力量。

噶尔丹策零得知额驸策凌率喀尔喀军出击，遂偷袭其牧地，"尽掠子女牲畜"。额驸策凌中途闻讯，怒不可遏，"断发及所乘马尾誓天"，喀尔喀军同仇敌忾，誓与准噶尔军决一死战。额驸策凌率喀尔喀军两万，"夜半绕间道，出山背，迟明，自山顶大呼压下"，准噶尔军梦中惊醒，毫无准备，弃其军资，"仓皇奔溃"。策凌率军紧追不舍，转战十余次，追至鄂尔浑河边的额尔德尼昭（即光显寺）。此地"左阻山，右限大水"，进则无退路。策凌派人先据山扼险，布下伏兵，然后佯作阻截，将准军诱入此地。突然，"胡笳声起，须臾旌旗满山谷间"。策凌掷帽于地，表示不破此贼不复冠，遂率众"乘势蹴之，击杀万余，尸满山谷，河水数十里皆赤"。准噶尔军惨败。

额尔德尼昭之役，使准噶尔军死伤惨重，重要物资丧失殆尽。由于人民生计窘困，怨声载道，在形势逼迫下，噶尔丹策零于雍正十一年（1733年）向清政府求和。考虑到连年用兵，有休养生息的必要，雍正帝答应了噶尔丹策零的求和请求。自雍正十二年（1734年）至乾隆四年（1739年），双方几经交涉，终于划定喀尔喀与准噶尔的牧区界线，即以阿尔泰山为界，准噶尔在山之西部，喀尔喀在山之东部，双方均不得越界。

□心灵物语

雍正年间对准噶尔的战役，清军虽未能深入伊犁，彻底平定准部，但却遏制了其势力的发展，保护了喀尔喀蒙古、青海和硕特蒙古免受袭扰，有利于西北地区的稳定和经济的发展，并为乾隆年间彻底解决准噶尔蒙古问题奠定了基础。魏源曾说，清朝解决西北问题，"圣祖恩之，世宗耡之，高宗获之"。这是对雍正年间西征准噶尔之役的中肯总结。

□史海钩沉

雍正帝开放洋禁

雍正统治的前期，是严格执行海禁的，但后来由于考虑到沿海的百姓生活疾苦，雍正五年（1727年）开始开放洋禁，允许人民往南洋贸易。海禁主要施行于闽、粤两省。

不过，雍正帝对当时的鸦片贸易是比较重视的，他对鸦片采取的政策是：贩卖毒品，严惩不贷，严格区分药用鸦片与毒品鸦片烟，毒品严禁，药用不干涉，且照顾小本商人的正当利益。

对待西欧来的使者，雍正帝也以礼相待。他虽然竭力反对天主教等在中国民间的传播（其中一部分原因也在于封建皇帝思想的保守性），但同时，他对天主教也并无恶意。雍正五年（1727年），博尔都噶尔（今葡萄牙）使臣麦德乐来京，雍正帝对他的优待使他深为感激。

清朝安抚西北措施

清世宗爱新觉罗·胤禛（1678—1735年），满族。母为康熙孝恭仁皇后乌雅氏，清圣祖玄烨第四子，是清朝入关后第三位皇帝，1722—1735年在位，年号雍正，死后葬于清西陵之泰陵，庙号世宗，谥号敬天昌运建中表正文武英明宽仁信毅睿圣大孝至诚宪皇帝。

雍正元年（1723年）八月，康熙帝去世的第二年，青海和硕特蒙古贵族罗卜藏丹津乘抚远大将军允禵回京奔丧之机，公开发动武装叛乱，使一个好端端的青海再次陷入动乱，人民处于水深火热之中。

罗卜藏丹津是达什巴图尔之子，固始汗之孙。达什巴图尔在位时，奉行其父固始汗的政策，率部归清，于康熙三十七年（1698年）被封为和硕亲王。当时，清政府并未在青海设置行政机构，对青海的管理也只是一种羁縻政策。达什巴图尔死后，罗卜藏丹津一直怀有"复先人霸业，总长诸部"的政治野心，甚至谋求对西藏的统治权。由于康熙年间清政府加强了对西藏的管理，罗卜藏丹津的野心难以实现，因此悍然发动武装叛乱，企图以武力达到其政治目的。

罗卜藏丹津的叛乱是从雍正元年八月胁迫青海各台吉于巴尔巴罗海会盟开始的。他自称达赖珲台吉，强迫诸台吉"呼旧日名号，一概不许称呼王、贝勒、贝子、公封号"。

王、贝勒、贝子等封号是清政府封授的，废除这些封号，即表示不再接受清廷的统治。清政府闻变后，一面命川陕总督年羹尧办理平叛军务，一面命侍郎常寿去罗卜藏丹津驻地沙拉图宣布谕旨，令其"罢兵和睦"。罗卜藏丹津非但不听，反而拘禁常寿，"与同党阿拉克诺木齐、阿尔布坦温布、藏巴扎布等益肆猖狂"。叛军在西宁府周围发动进攻，"每处有贼二三千人，以势驱逐附近番子，攻城放火，烧毁民间积聚草谷，抢掠财物，其未受蹂躏者，西宁城外10余里。"西宁周围叛乱四起。

清政府针锋相对，派兵坚决镇压。在迅速解决周围战斗后，遂专力征伐罗卜藏丹津的主力叛军。当时，清军三路分进合击，势如破竹。据官书记载："计师行深入，自雍正二年（1724年）二月八日至二十有二日，仅旬有五日，成功之速，为史册所未有。"清政府在平叛后，为安抚百姓，实行了一系列善后措施。

一、仿内蒙古札萨克制，对青海地区蒙古族各部编旗设佐领，共编29旗，规定了会盟与朝贡制度。各旗每年会盟一次，由西宁办事大臣主持，"奏选老成恭顺之人，委充盟长"。并规定朝贡制度："自雍正三年起，于诸王、台吉内，派定人数，令其自备马驼，由边外赴京，请安进贡。"分为三班，"三年一次，九年一周"。

二、在经济上采取发展农业生产、安定人民生活的措施。对西宁周边"可耕之地"，招募西宁一带农民与驻军家属开垦屯种，由地方官发放牛具种籽，三年之内，免于起科。对青海与内地贸易也做了规定：每年二月、八月两次，于西宁西川边外那拉萨拉地区"指定为集"，进行贸易。对生活必须品，如茶、布、面等定为一年四季贸易，以满足蒙古人民生活的需要。

三、对喇嘛教寺院进行整顿。康熙年间，青海喇嘛教寺院已达数千余所，以致"西海境内诸民尽衣赭衣，鲜事生产者几万户"。雍正时规定："寺庙之房，不得过200间，喇嘛多者300人，少者十数人。"将一度作为地方割据势力重要支柱的喇嘛教寺院置于清政府的控制之下。

□心灵物语

清政府推行的上述安抚措施，目的在于使青海完全置于中央政府的直接统治之下，以利农业生产的发展和提高人民生活水平。实践证明，这些措施确实起到了稳定社会秩序、保障人民生活的作用。

□史海钩沉

雍正帝整顿吏治

雍正皇帝刚刚即位时，吏治废弛，贪污腐败已然成风。雍正克服了各个方面的阻力，在全国上下大规模地开展清查亏空，设立会考府，实行耗羡归公和养廉银制度，取缔陋规等多项工作。

由于雍正态度决断，执行政策雷厉风行，清朝的财政状况在短时间内便得到了明显的改善，官吏贪污、吏治腐败的状况也都有了很大的转变。旅日华人学者杨启樵曾说："康熙宽大，乾隆疏阔，要不是雍正的整饬，清朝恐早衰亡。"因此后来也有了"雍正一朝，无官不清"的说法。

□文苑荟萃

夜 坐

（清）雍正

独坐幽园里，帘开竹影斜。

稀闻更转漏，但听野鸣蛙。

活活泉流玉，溶溶月照沙。

悠然怡静境，把卷待烹茶。

第三篇
定国安邦

 周公旦的治国策

> 周公旦（生卒年不详），姓姬，名旦，氏号为周，爵位为公，西周政治家。因采邑在周，称为周公；因谥号为文，又称为周文公。文王之子，排行第四，亦称叔旦，史称周公旦。周武王之弟，亦称叔旦。武王死后，其子成王年幼，由他摄政当国。其兄弟管叔、蔡叔和霍叔等人勾结商纣子武庚和徐、奄等东方夷族反叛，史称"三监之乱"。他奉命出师，三年后平叛，并将国家势力扩展至东海。他后建成周洛邑，称为"东都"。

　　周公旦摄政的第七年的一天晚上，年老的周公坐在家里，凝视着窗外的月色，心潮澎湃。他回首往事，感慨万千，虽有一些遗憾，不过值得庆幸的是，应该办的事差不多都办了。成王已20岁了，自己也该还政了，何况这段时间谣言四起，都说自己要正式即天子位。想到这里，这天上午发生的一桩怪事又浮现在眼前。上午，几位大臣突然来到他的府第，毕恭毕敬地说："得知冢宰大人要正式即天子位，我们特来祝贺！"并异口同声地说道："冢宰大人德高望重，内外咸服，只盼早日登位，以承民愿。"不能再这样下去了，他应该有所行动了。

　　第二天一早，周公照例来到王宫，陪着成王接受文武大臣的朝拜。周公对群臣扫视了一眼，他那洪亮的声音一下子打破了王宫的沉静："我心爱的国王和大臣们！我们的国王已经长大，上天赐给了他足够的才智。因此，我宣布从今天起，他就要亲理朝政，成为名副其实的天子了。从今以后，有对天子不尊者，要严加惩处！"

停顿了一会儿，周公望了望感到意外的成王和众大臣，并阻止了他们想要劝说自己的举动，继续说道："明天举行天子亲政之礼，然后以天子的名义下发诏书，让各国诸侯和邻邦的使者届时会聚东都，举行成周大会。这样做，一是庆祝我们周人的胜利，二是庆祝东都的落成，三是显示我们周国的国威，四是让天下人都知道，我们年轻有为的天子开始亲理朝政了！成周大会后，天子重回镐京，执掌国政，由召公辅佐，而我就留在东都。"成王与群臣听了无比激动。在国家危难之时，是周公不畏艰辛，不计个人名利，挺身而出，担起摄政的重任；当国家转危为安、走上正轨的时候，他不恋权位，毅然还政。还政之时，他主动提出留在东都，不遗余力地挑起治国安邦的重担，他的精神多么可敬可佩啊！

成周大会后，周公恨不得一下子把自己的治国本事全部传给成王。就在成王离开东都的前一天晚上，周公来到寝宫，握着成王的手告诫成王："你如今已是真正的天子了，千万不要贪图安逸和享受啊！而要做到这一点，就必须了解种田人的苦痛。殷王中宗总是小心翼翼地治理民事，丝毫不敢懈怠，所以在位75年；殷王高宗年轻时在外服役，和平民一起劳动，所以他了解人们的疾苦。他即位后，勤勤恳恳，执政59年，平民和大臣对他都没有怨言；殷王祖甲即位前，觉得代兄为王不合礼仪，便逃到民间，做了一介平民，后来被大臣们请回做了天子，经常施惠于平民百姓，执政达33年。可是祖甲以后的殷王只顾饮酒作乐，整日陶醉在歌舞之中，故没有一个长寿的，执政也都只有几年而已。"

周公喘了口气，继续说道："就我们的周国而论，太王、王季无不谦虚谨慎。特别是你的祖父文王，他像平民一样，整修过道路，耕种过田地。他心地仁慈，待人谦和，理政不辞辛苦，贡赋不敢挥霍，所以执政达50年。中宗、高宗、祖甲，还有我们的文王是四位圣明的君主，他们总愿意听到批评自己的话，并改正自己的过失。你一定要以他们为榜样，谨慎小心，生活俭朴，切不要像纣王那样把荒淫奢侈当作美德；你要胸怀开阔，不要乱罚无罪之人，更不要妄杀无辜。这点非常重要，你一定要牢牢记住啊！"成王聚精会神地听着，不住地点头。

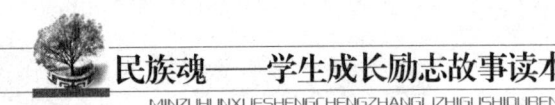

不知不觉，几个小时过去了。周公见天色已晚，明天成王还要回镐京，就刹住话题，请成王休息。回到家里，周公思绪万千，觉得意犹未尽，立即作了一篇《立政》。文章里，他嘱咐成王要任人唯贤。一旦选用，就要放心使用。他关心国家大事之情溢满字里行间。

还政后，周公全心治理东都，由于操劳过度，三年后不幸患了重病。他虽然自知将不久于人世，但仍操心国家大事，以自己今后不能继续为天子做事为憾。他交代后事时说："我死之后，你们就把我葬在成周，以表示我虽死也不忘王命。"言罢，告别了人世。

成王得知消息后，不禁流下了眼泪。他对大臣们说："周公是文王的儿子，又继承了武王的未竟之业，披肝沥胆，无怨无悔是当之无愧的一代君主，我哪能把他当臣子看待呢？他一生光明正大，受冤而忧国，堪称至臻至美的亘古伟人，理应与先王一起享受祭典！"他对周公的一生功绩做了实事求是的评价，并将周公厚葬于毕（今陕西咸阳北），与文王、武王葬在一起。不仅如此，成王又命周公长子伯禽统治的鲁国有权在郊外举行祀天的典礼和立庙祭祀文王。按照周代礼制，只有天子才具有这种资格和权利。

■心灵物语

纵观周公的一生不难发现，德高学深的周公为了周朝巩固，确实是耗尽了心血，为建立和巩固周朝可谓鞠躬尽瘁，死而后已，不愧是成王时期的第一大功臣和周朝全盛时期的顶梁柱，为为周朝立下了功勋。他为国忘身、严于律己的品德也一直被后人称颂，被誉为"古代中国最大的道德家"，从而成为历代治世者学习和效法的榜样。

■史海钩沉

周公制礼作乐

周公旦认为，仅仅依靠武力、险关是不能够很好地治理国家的。为了治理天下，周公旦除了推行分封制、营建东都之外，更重要的是制礼作乐，推出了一套适合治理天下的礼法制度。这个礼法制度，其效力就相当于现在通行的法律那样，是带有强制性的。

该制度的主要的内容，可以从《尚书》的《康诰》《酒诰》《梓材》这些篇章中略知一二。

□文苑荟萃

豳风·鸱鸮

无名氏

迨天之未阴雨，彻彼桑土，绸缪牖户。

今女下民，或敢侮予！

刘邦迁徙定都

汉高祖刘邦（公元前256—前195年），字季（一说原名季），沛郡丰邑中阳里（今江苏丰县）人，汉族。出身平民阶级，秦朝时曾担任泗水亭长，起兵于沛（今江苏沛县），称沛公。秦亡后被封为汉王。后于楚汉战争中打败西楚霸王项羽，成为汉朝（西汉）开国皇帝，庙号为高祖，汉景帝时改为太祖。自汉武帝时期司马迁开始，多以最初的庙号"高祖"称之，尊号为高皇帝，所以史称汉高祖、太祖高皇帝或汉高帝。他对汉民族的统一、中国的统一强大，以及汉文化的保护和发扬有决定性的贡献。

秦始皇统一天下后，封建国家直辖的地区大大拓展。为了有效地治理这个版图空前的大帝国，秦始皇创建了专制主义中央集权的政治体制。这一体制能否贯彻实施，除了依靠官僚机构的正常运转外，还取决于对地方分离势力的制约。通观秦和西汉（元帝前），统治者经常采取的一个对策，就是徙豪杰名家充实关中。地方豪强是封建地主阶级中的一部分，对农民来说，他们是剥削阶级、统治阶级。可是，他们往往不直接执掌国家权力，而是依靠雄厚的经济实力和封建宗法纽带牢牢地控制农民，横行乡里，甚至干预和操纵地方政治。所以，他们的恶性膨胀常常对专制主义中央集权的强化产生一种负效应。为了消除这种负效应，封建国家的君主就有必要采取一种强有力的、长期的措施。

秦始皇在做皇帝的当年即秦始皇二十六年（公元前221年），就"徙天下豪富于咸阳12万户"。这一措施很可能在兼并六国的战争中就已陆续实行，只不过是统一天下后采取了大规模、果断的行动罢了。其实迁往咸阳的豪富还是些幸运儿，许多六国豪富被迁往荒僻的巴蜀，他们被称为"迁虏"，不但被迫背井离乡，而且被没收了几乎全部财产，处境是十分悲惨的。

刘邦做了皇帝、建立汉王朝后，如法炮制。这个主意是地位低微的戍卒娄敬提出来的。就在刘邦称帝的当年——汉高帝五年（公元前202年），娄敬求见汉高祖，并建议他将首都定在长安，而不是像当时朝廷许多高级官员所希望的那样定都洛阳。他所提出的一个重要理由，就是关中得形势之利，定都关中可以控制动荡不安的关东地区。刘邦随即采纳了他的建议。娄敬受到皇帝的赏识，被赐姓为刘。不久，这位刘敬出使匈奴归来，又向刘邦提出了迁徙豪杰名家以实关中的建议。他认为，匈奴河南地的白羊王和楼烦王就驻扎在离长安700里远近的地方，轻骑一天一夜就可以到达。关中新遭战乱，人口稀少，土地抛荒，可以徙民充实。诸侯起兵反秦时，都是齐国的田氏、楚国的昭、屈、景氏挑头干的，今陛下定都关中，但关中人口稀少，北边靠近匈奴，关东则有六国强宗豪杰，一旦发生变乱，陛下就无法高枕而卧。希望陛下将齐诸田，楚昭、屈、景，燕、赵、韩、魏后裔及豪杰名家迁徙到关中居住。如天下太平，可防备匈奴的侵扰；诸侯有变，亦足以率师东伐。这是一种强本弱末的策略。汉高祖觉得有理，就立即采纳了这一办法。

出于同样的动机，汉高祖还将功臣的家族也统统迁到长安，其中有相当一部分就安置在汉高祖陵墓长陵的所在县邑。为了安抚迁徙对象的抵触和不满情绪，政府还"与利田宅"，在物质上给予优厚的待遇。后世沿袭，就成了一种固定的"迁陵"传统。正如《汉书·地理志》所说的："汉兴，立都长安，徙齐诸田，楚昭、屈、景及诸功臣家于长陵。后世世徙吏2000石、高訾富人及豪杰并兼之家于诸陵，盖亦以强干弱枝，非独为奉山园也。"

■心灵物语

徙陵政策起到了多方面的作用，既在政治上达到了强干弱枝的目的，又缓解了豪强地主对土地的兼并。陵邑所在五方杂厝，风俗不纯，也促进

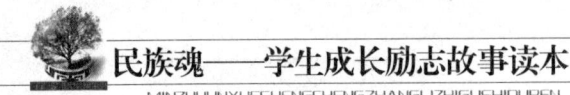
了文化的交流和发展。然而到后来，徙陵却成为扰民和达官贵人借以谋利的手段，这与徙陵的初衷可以说是背道而驰了。

■史海钩沉

刘邦放役徒

刘邦长大后，做了泗水的亭长，是管理十里以内的小官。时间长了，他和县里的官吏们都混得很熟，在当地也小有名气。

不久，刘邦便以亭长的身份为沛郡押送役徒去骊山，役徒们有很多在半路都逃走了。刘邦估计，等到了骊山后，役徒也都逃光了。所以在走到芒砀山时，他就停下来饮酒，趁着夜晚把所有的役徒都放了。刘邦说："你们都逃命去吧，从此我也要走了！"

役徒中有十多个壮士都愿意跟随刘邦一块走。刘邦乘着酒意，便连夜带着他们从大泽里逃亡了。

■文苑荟萃

咏汉高祖

（唐）王珪

汉祖起丰沛，乘运以跃鳞。
手奋三尺剑，西灭无道秦。
十月五星聚，七年四海宾。
高抗威宇宙，贵有天下人。
忆昔与项王，契阔时未伸。
鸿门既薄蚀，荥阳亦蒙尘。
蚍虱生介胄，将卒多苦辛。
爪牙驱信越，腹心谋张陈。
赫赫西楚国，化为丘与榛。

 # 汉武帝"重内轻外"强化专制

> 汉武帝刘彻（公元前156—前87年），汉族，字通，是汉朝的第七位皇帝。其母王娡，在刘彻立太子同时被立为皇后。刘彻4岁时被册立为胶东王，7岁时被册立为太子，16岁登基，在位54年（公元前141—前87年），建立了西汉王朝最辉煌的功业。公元前87年刘彻崩于五柞宫，享年70岁，葬于茂陵，谥号孝武，庙号世宗。

军队是国家机器的重要组成部分。在封建社会中，皇帝往往通过直接控制军队来强化专制主义中央集权的统治。秦始皇陵的兵马俑群像，就形象地再现了秦始皇生前率领千军万马"横扫六合"的雄武气概，而汉武帝改革和健全军制以收重内轻外之效，更是中国军制史上的一个划时代事件。

西汉时，兵役制和徭役制是结合在一起的。当时的制度规定，每个男子到了一定年龄就要傅籍，在汉初是15岁，景帝时是20岁，武帝和昭帝后是23岁，由此到56岁，要服两年兵役，称为正卒。正卒一年在本郡为材官（步兵）、楼船（水军）或骑士；另一年到京师服役，称为卫士。此外，还要在边郡屯戍一年，称为戍卒。

从军制和兵力部署来说，在地方服役的正卒由郡尉或王国中尉主管，并进行日常的军事训练。每年秋季，由郡太守举行检阅，称作都试。皇帝征发郡国兵时，用铜虎符为验，无符不得发兵。汉代京师长安

驻有南、北二军。北军守卫京师，服役士兵多数从三辅（京兆、冯翊、扶风）选调，由中尉率领；南军保卫皇宫，卫士多由三辅以外各郡国选调。南、北二军的兵力规模不大，西汉初年南军卫士为两万人，武帝即位减为万人。南、北军统领职不常置。

自汉高祖下诏"兵罢归家"，特别是翦除异姓诸侯王之后，军力分散于全国各地，都城无重兵。这样的军制和部署是与当时"无为而治"、与民休息的政策相适应的。武帝即位后，国家的经济实力大大增强，"内兴功作，外事四夷"，上述情况就发生了明显的变化。为了强化中央集权，必须扩充中央的兵力，并建立由中央直接控制和调遣的"长从"军队。这种重内轻外的安排，其目的是强干弱枝，加强封建国家的镇压职能。

汉代的郎官是皇帝的宫廷侍从，数量很大。他们既是皇帝的仪卫，也是一支武装力量。建元三年（公元前138年），武帝创设期门军，也隶属于郎官系统，归郎中令掌管。期门通常没有员额规定，多至千人。太初元年（公元前104年）又设羽林军，选调陇西、天水等六郡良家（家世清白的农家）子弟充当，性质类似期门，员额有700人之多。羽林、期门都是保卫皇帝的禁军，属于南军系统的长从军队，装备精良，训练严格。汉代名将多出于羽林、期门，可见这两支禁旅在全国军事系统中的重要地位。武帝后来又取从军战死者的子孙养于羽林军中，从小就加以严格训练，号称羽林孤儿，以此加强宿卫力量。

为了加强卫戍京师的武装力量，汉武帝又于元鼎六年（公元前111年）创建屯骑、步兵、越骑、长水、射声、虎贲、胡骑等七校尉，常驻京师及其附近。七校尉都统领于中垒校尉。中垒校尉由中尉属官中垒令演变而来，它与七校尉合称八校尉。八校尉的官秩均为2000石，属官有丞和司马。这八支部队的分布和职能如下：中尉掌北军垒门内外，屯骑校尉掌骑士，步兵校尉专掌位于长安西南郊上林苑的苑门屯兵，长水校尉掌长安西北郊的宣曲胡骑，胡骑校尉掌池阳胡骑，射声校尉掌射声士，虎贲校尉掌轻车。八校是全国军队中的劲旅，其中胡骑、越骑尤为重要，西汉时统领者多为皇帝的亲信。每校兵力约有数百人至千余人，是从地方或少数民族中选募来的常备兵。

汉武帝扩建南、北二军，目的都是为了加强中央武备。从强化专制主义中央集权的角度来看，这些重内轻外的措施确实收到了显著的成效。征和年间（公元前92—前89年），卫太子被幸臣江充的诬害，被迫起兵诛江充等人。汉武帝听信谗言，以为太子谋反，命丞相刘屈氂率兵平乱。太子派囚犯如侯持节调发长水及宣曲胡骑，结果如侯被侍郎马通捕杀，反而被马通将骑兵引入长安，参加平乱。太子又持节召北军使者任安发兵，任安受节后却闭门不出。太子无奈，只好驱赶四市百姓数万人与丞相所率部队作战，交战五日，结果兵败自杀。

■心灵物语

显然，卫太子起兵之所以失败，主要原因在于他未能成功地控制南、北二军。否则，双方成败未可知，历史的发展或许是另一种格局了。由于汉武帝创建的"内重外轻"的军事体制切合专制主义中央集权的需要，所以后世的皇帝无不奉之为圭臬。

■史海钩沉

刘邦斩蛇而起

传说刘邦当年在大泽里放了刑徒后，带领剩下跟随他的十几个人逃亡。这时，前面负责开路的人回来告诉他，说前边有条大蛇拦路，没法通行。刘邦喝得有点醉了，训斥说："我们这些勇猛之士行路，有什么好害怕的！"他分开众人，自己到了前边，见一条蛇横在路中间，便拔出宝剑将蛇拦腰斩断。

又走了一段路后，刘邦觉得头昏，便躺在路旁休息，也等等后边的人。不一会儿，后边的人赶了上来对他说，在路旁看见有一个老太太在哭，问她原因，她说有人把他的儿子杀了。又问为什么被杀，她说他的儿子是白帝的儿子，刚才变成蛇，却在路边被赤帝的儿子杀了，所以才如此难

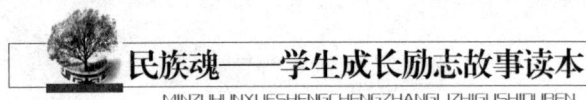

过。大家当时觉得老太太说谎，但老太太忽然就不见了。

此后，刘邦带着人到处逃亡，但每次吕后都能找到他。刘邦很奇怪，就问妻子是怎么找到他的。吕后说，他藏身的地方常有彩云缭绕，所以很好找到。

当然，这些都是刘邦为了达到一定目的而编造的故事，使周围的人敬畏他、依附他，以至于到后来，刘邦身后汇集了周边地区的青年，被人们称为沛中豪杰。这时的刘邦需要的仅仅是一个借口罢了。

□文苑荟萃

秋风辞

（汉）刘彻

秋风起兮白云飞，草木黄落兮雁南归。

兰有秀兮菊有芳，怀佳人兮不能忘。

泛楼船兮济汾河，横中流兮扬素波。

萧鼓鸣兮发棹歌，欢乐极兮哀情多。

少壮几时兮奈老何！

 # 陆逊为政有卓识

　　陆逊（183—245年），本名陆议，字伯言，汉族，吴郡吴县（今江苏苏州）人，三国时期著名政治家、军事家，历任吴国大都督、上大将军、丞相。吴帝孙权兄桓王孙策之婿，世代为江东大族。于222年率军与入侵东吴的刘备军作战，以火攻大破刘备蜀军的"猇亭之战"，是中国古代战争史上一次著名的积极防御的成功战例。后因卷入立嗣之争，力保太子孙和而累受孙权责罚，忧愤而死，葬于苏州，至今苏州有地名陆墓。

　　文武之道，贵在一张一弛。三国时期东吴的陆逊义武双全，不仅是一位军事家，也是一位政治家，深知"张"与"弛"的奥妙。如果说陆逊在旌旗蔽日、杀声震天、尸横遍野的拼死鏖战中所表现出来的睿智值得浓墨重彩地渲染，那么其在政治上的远见卓识及高瞻远瞩更是令人拍案叫绝。

　　孙权据有江东历三世。从父孙坚创业、兄孙策开辟江东根据地，至孙权殚精竭虑以图稳固江东政权，这一政权在每一历史阶段都不得不仰赖江东士族的配合。在建成政权巩固统治的过程中，这种情况更为突出。江东吴郡顾、张、朱、陆四大姓的土著豪门和南渡的张昭、周瑜、鲁肃等江北世家大族是孙吴政权仰仗的主要力量。这些世家大族不仅在经济上有雄厚的实力，而且在政治上可以左右孙吴政权。当时，顾、张、朱、陆四大姓做郡吏的有1000余人，陆氏一家就出了两相、五侯、

十余个将军。为了保证世家大族在政治上、经济上的特权利益，吴国实行了"领兵制"和"复客制"。这样，世族地主的经济利益在得到保障的同时，农民对地主的封建依附关系也进一步强化了。

面对江东大族地位的不断攀升及权势的日益膨胀，陆逊始终保持着清醒的头脑，深知"民，水也。水可载舟，亦可覆舟"之理，一直以关心百姓疾苦为己任，注重减轻百姓负担，重视与民休息。

陆逊早年在海昌县担任屯田都尉一职时，就鼓励农民搞好农业生产和桑蚕的养殖，使当地百姓受益匪浅，生活有了保障。不久，海昌一连几年大旱，饿殍累积于路侧。其他官吏置若罔闻，唯陆逊据理力争，力排众议，开启官仓赈济贫民，由此深受人民的爱戴。

由于陆逊善于抓紧农业生产，会稽太守淳于式曾上书揭发陆逊不正当地征用人力和物力，给所在地区造成不安。此事传到陆逊耳里，陆逊只是一笑。后来，陆逊到了京城，向孙权称赞淳于式是一名优秀的官吏。孙权听后很惊讶，说："淳于式向我告发你，你却向我推荐他，这是为什么？"陆逊说："淳于式的意思是让百姓们休养生息，所以告发我。如果我又来把他指责一通，扰乱您的判断，是不可取的。"孙权听后感慨不已。

陆逊对改革吴国的刑法制度有一套独到的见解。吴国刑罚素以残酷著称，事无巨细，动辄处以极刑，弄得人人自危。陆逊鲜明地指出，维持统治不宜单靠刑罚，刑网宜疏不宜密，惩处宜宽不宜苛。他在给孙权的上书中说："使用严峻的法律和酷烈的刑罚，无助于帝王兴隆事业，只有惩处而没有宽恕，不是使远方归化的宏大规划。"南阳谢景对于先刑后礼的说法欣赏不已，陆逊申斥谢景说："礼教较之刑罚更为优胜由来已久了，刘讷用繁琐的诡辩歪曲先圣的教导，是错误的。你现在在东宫侍奉太子，应当遵循仁义的道理，弘扬那些完美的思想和教诲。"陆逊推崇教化、反严苛刑法的主张对于当时的东吴来说，无疑是盛夏的一缕清风，只可惜无论是孙权还是其残暴的后继者都无暇顾及。

孙权称帝后，得陇望蜀，迫切希望通过频繁的战争来扩大疆土。而此时的吴国面临着百废待兴的局面，安抚人民、发展生产已是迫在眉睫的当务之急。就在这时，已被胜利冲昏头脑的孙权仍打算派兵攻取夷州和朱崖，临行前征求陆逊的意见。陆逊认为目前不宜劳民伤财，出兵远征，"治理乱世讨伐叛逆，需要部队作为威慑力量，而从事农耕种植桑麻满足衣食要求，却是人民的根本生计。战争不停，人民必然会饥寒交迫。当前，应当让军民休养生息，薄收租赋。依靠人众成事在于团结，道义可以激励勇武。这样，争战不息的黄河、渭水流域可以平定，天下也不难归于一统了。"但是执迷不悟的孙权仍一意孤行，心存侥幸地派兵出征夷州，结果得不偿失。这一事实印证了陆逊的预言。

从孙策开始，江东政权就志在保安。孙权时，保安更成为国策。所谓匡复汉室，从一开始就是一面用作号召和借以制人的旗帜。吴蜀联盟恢复，孙权虽有平分天下之说，但始终不过是虚张声势的策略。诸葛亮屡屡遣使请孙权配合北进，孙权总是虚与委蛇，借故推托。后来孙权被迫亲自率军进击合肥，稍一接触便立刻鸣金收兵，其志仍在保存实力。和曹操、诸葛亮的以统一为己任相比，孙权似乎逊色不少，但这恰恰是吴国君臣的高明之处。

吴国境内居住着大量的山越人，他们居住在今皖南、江西、浙江、福建山区，据山为险，不纳租税，同吴国抗衡。因而，为了使山越人臣服，孙权枉费了不少心思，为此不遑外顾。陆逊提出适合时宜的高明建议，请求朝廷把山越人招募为兵，得到了孙权的应允。会稽地区有个叫潘临的山越头目，长期以来一直侵害这一带的百姓。陆逊亲率部队降服了潘临，并将其部收编，郡民中身强力壮的充当战士，病弱的补充农户。这样，深山丛林的山越人被迁到平原从事农业，长此以往，对于促进东南的经济发展和开发山区起到了积极作用。

陆逊十分爱民、体恤民情，这在封建社会的官僚中是不多见的。每次与敌作战后，对于对方的俘虏特别是无辜的百姓，陆逊总是以极大的热情去安置他们。凡是被生俘的，都给以安置保护，不许士兵予以侮辱。携带家属来的，让他们到收容的场所接受安置。如果是与妻子儿女离散的，立即发给衣服口粮，许其还乡。陆逊的怀柔安抚政策十分得体，许多人往往怀着向往之情结伴前来投顺。就连江夏功曹赵濯、弋阳守将裴生以及夷民首领梅颐等人，都率领自己的兵马和民众归附了陆逊。

■心灵物语

陆逊作为一位政治家，其政治、军事、经济方面的远见卓识令人佩服，他制定并实施了正确的政治、军事和经济方针，这对于巩固孙吴政权起到了积极作用。魏、蜀、吴三国鼎立长达60余年，而吴亡在最后，除了其他因素之外，陆逊提出的许多政治主张的施行，也应当算是一个很重要的因素。

■史海钩沉

陆逊之死

陆逊晚年，卷入了孙权两子——太子孙和与鲁王孙霸的斗争当中，陆逊是站在太子孙和一边的。然而，孙权听信谗言，有了废黜太子之意。陆逊则屡次上疏，向孙权陈述嫡庶之分，说："太子正统，宜有磐石之固；鲁王藩臣，当使宠秩有差，彼此得所，上下获安。谨叩头流血以闻。"他还要求到建业当面申述自己的意见，因而得罪了孙权。

此外，太子太傅吾粲、太常顾谭等人也多次上疏辨嫡庶之义，反对废嫡立庶。但是，孙权既不允许陆逊还都，又以亲附太子的罪名处置了陆逊的外甥顾谭、顾承、姚信等流徙。太傅吾粲也因几次与陆逊通信，竟被下狱处死。孙权还多次派中使前去责骂陆逊，致使陆逊忧郁过度，于赤乌八年（245年）二月含恨去世。

■文苑荟萃

陆逊赞诗

（明）罗贯中

虎帐谈兵按六韬，安排香饵钓鲸鳌。

三分自是多英俊，又显江南陆逊高。

 # 武则天的"建言十二事"

武则天(624—705年),中国历史上唯一一个正统的女皇帝(唐高宗时代,民间起义,曾出现一个女皇帝陈硕真),也是继位年龄最大的皇帝(67岁即位),又是寿命最长的皇帝之一(终年82岁)。唐高宗时为皇后(655—683年)、唐中宗和唐睿宗时为皇太后(683—690年),后自立为武周皇帝(690—705年),改国号"唐"为"周",定都洛阳,并号其为"神都",史称"武周"或"南周",705年退位。武则天是一位女诗人和政治家。

武则天是我国历史上唯一的正统女皇帝。唐高宗永徽六年(655年),她被立为皇后,开始参与朝政。显庆四年(659年)八月,她一手导演了摧毁长孙无忌集团的斗争,"自是政归中宫"。次年,高宗患头痛病,常以武则天代理政事。至麟德元年(664年)十二月以后,"上每视事,则天后垂帘于御座后,政无大小,皆与闻之。天下大权,悉归中宫,黜陟、杀生,决于其口,天子拱手而已,中外谓之二圣。"上元元年(674年)八月,"皇帝称天帝,皇后称天后"。不久,武则天即上书高宗,"建言十二事。"

"建言十二事"的内容为:

一、"劝农桑,薄赋徭",即发展农业生产,轻徭薄赋,减轻人民负担。

二、"给复三辅地",即免除长安附近之京兆、冯翊、扶风三郡(三辅)人民的赋役。

三、"息兵,以道德化天下",即停止用兵,而以礼义道德感化天下。

四、"南、北中尚禁浮巧",即朝廷禁止浮华和奇技淫巧。

五、"省功费力役",即减省工程费用,节约人力。

六、"广言路",即广开言路,兼听纳谏。

七、"杜谗口",即杜绝小人进谗言,迷惑皇帝,构陷他人。

八、"王公以降皆习《老子》",即王公以下、文武百官,都要学习《老子》一书。

九、"父在,为母服齐衰三年",即父虽在,亦为母服丧三年。

十、"上元前勋官已给告身者,无追核",即不再取消上元元年以前已被授予勋官爵位者的资格。

十一、"京官八品以上,益禀入",即增加八品以上京官的俸禄。

十二、"百官任事久,材高位下者,得进阶申滞",即提拔有能力、地位低,而又长期不得升迁的官员。

上述十二事,除了第九条之外,其余十一条都是针对当时最突出的社会问题而提出的。

当时,国内经济形势不太好,土地兼并有所发展,农民破产逃亡者渐多,一些地方的生产开始萎缩。加上连年冬季无雪,水旱虫雹灾害引起局部饥荒,京畿关中尤甚,国家财政收入因此锐减,所以武则天建言劝农桑,薄赋徭,给复三辅地,并禁浮华淫巧,省力役。

高宗即位以来,四方用兵,东征高丽、新罗,南击叛蛮,西讨吐蕃,往往出师不利,应接不暇,所以建言息兵。王公以下习《老子》,一方面是为了尊礼被奉为李唐先祖的李耳,另一方面也有提倡"清净无为",不尚武力的用意。

建唐以来,朝政渐被以关陇集团为核心的新士族阶层把持。他们压制庶族地主和平民,对历史的发展产生了消极的作用,对唐朝政权的巩固和加强也很不利。武则天等人同他们进行了激烈的斗争,长孙无忌一伙被赶下台,但是士族势力仍很强大。所以建言不再追覆已给告身的勋官,增加京官收入,提拔有才能的低级官员,以笼络官僚队伍,壮大自己的势力;另外广开言路,杜谗言,防止权臣阻塞言路,蒙蔽皇帝,陷害他人,从而树立良好的、正常的政治风气。

史载,武则天的建言,"帝皆下诏略施行之",在高宗时代已产生了一定作用。武则天称帝后,继续推行改革,其中重视发展农业生产,打击关陇士族集团，吸引大量庶族地主参加政权等项措施，都可以说是"建言十二事"的延伸与发展。虽然由于史料的缺乏，我们无法了解"建言十二事"各项措施的具体实施情况和直接影响，但是武则天时代社会的发展、国家的强盛，无疑与之有着必然的联系。

□心灵物语

"建言十二事"涉及国家的经济、政治、军事、社会生活等各个方面，具有政治纲领的性质。武则天能够提出这些主张，充分显示了她对社会问题具有非凡的洞察力和处理能力，是一个杰出的政治家。

□史海钩沉

武则天打击保守门阀贵族

永徽六年（655年），武则天被立为皇后。随后，她便将反对她做皇后的长孙无忌、褚遂良等人都赶出朝廷，贬逐到边远地区。这对于武则天来说，简直就是杀鸡儆猴。因为关陇贵族和他们的依附者在当时已成为一种既得利益的保守力量，把他们赶下政治舞台，也标志着关陇贵族从北周以来长达一个多世纪统治的终结，同时也为社会的进步和经济的发展创造了一个良好的条件。

□文苑荟萃

曳鼎歌

（唐）武则天

羲农首出，轩昊膺期。
唐虞继踵，汤禹乘时。
天下光宅，海内雍熙。
上玄降鉴，方建隆基。

 # 耶律楚材的治国策

> 耶律楚材（1190—1244年），契丹族，杰出政治家，蒙古帝国时期大臣。1215年，成吉思汗的蒙古大军攻占燕京时候，听说他才华横溢、满腹经纶，遂向他询问治国大计。而耶律楚材也因对腐朽的大金失去信心，决心转投成吉思汗帐下，以拯救处于水深火热中的百姓。他的到来，对成吉思汗及其子孙产生了深远影响，他所提出的各种措施也为元朝的建立奠定了基础。

　　成吉思汗手下有一个善造弓箭的人，名叫常八斤，很受成吉思汗信任。他见耶律楚材受到任用，多次对人说："国家方用武，耶律儒者何用？"耶律楚材说："治弓尚须用弓匠，为天下者岂可不用治天下匠耶？"耶律楚材自己就是一个治天下的名"匠"，元太宗的很多治国方略，便多出自楚材之手。

　　成吉思汗于1227年7月在六盘山去世，1229年，耶律楚材佐助成吉思汗的第三子窝阔台即位为大汗，史称元太宗。耶律楚材深受太宗信用，被任命为中书令。耶律楚材辅佐元太宗制定了许多政治措施，其中一些成为元代的重要制度。

　　窝阔台即汗位不久，耶律楚材便上疏建言十八事。其中重要的一条便是设地方长官管理治下百姓，使军民分治。蒙古人在征服各地的过程中，每征服一地，或以贵族管理，或由军事长官负责，或由投降的将领临时治理，因而地方政治体制非常混乱。地方军事长官都很骄横，而很

多降将原来便是地方有名的军阀，社会被他们搞得民不聊生，使民众对蒙古族的统治非常不满。

因而，耶律楚材建议说："郡县置长吏牧民，设万户总军，使势均力敌，以遏骄横。中原之地，财用所出，宜存恤其民，州县非奉上命，敢擅行科差者罪之，贸易借贷官物者罪之。蒙古、回鹘、河西诸人，种地不纳税者死，监主自盗官物者死。应犯死罪者，具由申奏待报，然后行刑。贡献礼物，为害非轻，深宜禁断。"

太宗唯有贡献一事不同意，对楚材说："彼自愿者，宜听之。"

楚材说："蠹害之端，必由于此。"

太宗又说："凡卿所奏，无不从者，卿不能从朕一事耶？"

元太宗虽然不同意取消贡献的做法，但对其他建议都采纳了。此后所置的行省和万户府体制大体如耶律楚材的建议设置。

蒙古军事贵族在征服战争中，以直接抢掠为取得财富的主要手段，每陷一城，都放纵将士掳掠子女玉帛，大掠而还。并且规定，功大的先拖，功小者后抢；谁先进门便在门口插上一支箭，后来的人看到门口有箭便不得进去。任何人抢夺来的财物，都要留一份给大汗。一次，成吉思汗的三个儿子术赤、察合台和窝阔台攻陷了一座城池，把所掳掠的财物和百姓私分了，没给成吉思汗留下一份，成吉思汗对这种违反规矩的行为非常气愤，不允许三人前来参见。

因为战争非常频繁，所以抢来的财物非常多，大臣和将领们平时都没有俸禄，他们也不需要俸禄，抢来的财物已足够用了，不够用还可以再去抢夺。即使是没有机会参加战争的臣僚，也可以分得一份，这也是抢掠的一条规矩。但蒙古军队的规模越来越大，官员也越来越多，战争却相对减少了，抢掠的机会也随之减少，蒙古政权的财政日益困窘。因此不得不改变掠夺方式，他们开始把抢来的东西分给百姓一些，让他们耕作，然后收取赋税，但赋敛没有节制，使得百姓困苦不堪。其中有一种称为"撒花"（礼物）的贡献，便非常苛刻，每一级官吏来了都要索取，有时一个刚走，另一个又来了，如同刮地皮一样，百姓交不胜交。有一首诗的两句说："北军要讨撒花银，官府行移逼市民。"官吏无止境的勒索使百姓手中的财物越来越少，他们不仅无法进行再生产，甚至无

法生活，蒙古政权能够勒索的财物也愈来愈少。另一方面，因没有明确的税收制度，苛捐杂税所得到的收入大部分落入地方将帅和官吏的腰包，富了贵族、官吏，却穷了大汗。

由于从被征服地区，特别是从汉人居住的地区百姓身上榨油日渐困难，有些人便想把蒙古人的游牧生产方式搬到中原来。元太宗的近臣别迭等人建议说："汉人无补于国，可悉空其人以为牧地。"这是一种非常野蛮落后的做法，它的后果必然是使生产力受到极大的摧残，对蒙古统治者自身也没有任何好处。

耶律楚材作为深受汉文化影响的政治家，当然清楚这种做法的严重后果。他立即上奏太宗说："陛下将南伐，军需宜有所资，诚均定中原地税、商税、盐、酒、铁冶、山泽之利，岁可得银50万两、帛8万匹、粟40余万石，足以供给，何谓无补哉？"

太宗说："卿试为朕行之。"于是耶律楚材提议设立燕京、宣德、西京、太原、平阳、真定、东平、北京、平州、济南十路征收课税所，每路设正、副课税使二人，多选拔汉族人担任，专门负责收取保管钱谷之事，不受地方长官辖制，"凡所掌课税，权贵不得侵之"。

太宗三年（1231年），元太宗到云中（今山西大同）巡视，十路征收课税使都把户口和金帛陈放在行宫庭院中，太宗看了非常高兴，笑着对耶律楚材说："汝不去朕左右，而能使国用充足，南国之臣，复有如卿者乎？"

就在这一天，太宗拜他为中书令，事无巨细，都先与他商量。此后，耶律楚材又多次向太宗建议制定税法。

太宗八年（1236年），太宗诏令"中原诸州民户分赐诸王、贵戚、斡鲁朵"，耶律楚材上奏说："裂土分民，易生嫌隙，不如多以金帛与之。"

太宗说："已许奈何？"

楚材建议说："若朝廷置吏，收其贡赋，岁终颁之，使勿擅科征，可也？"

太宗同意了他的说法，于是确定天下的赋税定额：每2户出丝1斤，以给国用；5户出丝1斤，以给诸王和功臣。地税，质量中等的田地每亩交2升半。上等田地3升，下等田2升，水田每亩5升；商税，交三十分之一；盐价，40斤一两银子。定下这一税制后，很多人认为太轻，耶律楚材说："作法于凉，其弊犹贪，后将有以利进者，则今已重矣。"

耶律楚材还建议停止严重扰民的"扑买法"。所谓"扑买法"，就是把征税的权利包给一些商人，由他们自行征收。这种办法使很多商人从中获利，他们任意勒索百姓，使百姓深受其害，又想尽办法欺骗朝廷，克扣税款，从中渔利。当时由富豪刘忽笃马、涉猎发丁、刘廷玉等人以140万两白银买下全国的征税权，耶律楚材说："此贪利之徒，罔上欺下，为害甚大。"因此上奏请求停止"扑买法"。他常说："兴一利不如除一害，生一事不如省一事。"

耶律楚材佐助元太宗制订的另一政策是任用儒臣。耶律楚材是一位深受汉文化影响的契丹人，他的八世祖，契丹皇子耶律倍便深爱儒家文化，诗文俱佳；楚材父亲耶律履曾修《辽史》，他自己也"博极群书，旁通天文、地理、律历、术数及释老、医卜之说，下笔为文，若宿构者"。他知道汉文化比蒙古的游牧文化要先进得多，要建立起蒙古族的稳固政权，就必须接受先进的汉族儒家文化。

他上奏太宗说："制器者必用良工，守成者必用儒臣。"早在蒙古军进攻金朝都城汴梁时，他便派人潜入城中，寻找孔子的后代，找到了孔子51代孙孔元措，他上奏太宗封孔元措为衍圣公。还征召著名儒生梁陟、王万庆、赵著等，让他们解释九经，又为大臣的子孙讲解经义。在燕京设编修所，在平阳设经籍所，编修经史，由梁陟任长官，王万庆、赵著为副手。

在此之前，耶律楚材便已经引用陈时可、赵昉等士人为征收课税使，取得很多政绩。在金朝灭亡前夕，金朝大文豪元好问曾给耶律楚材写了一封信，提出对于归顺的士大夫，应"聚养"，委以职务。

他还列出54个人的名单，对耶律楚材说这些人"皆天民之秀，有用于世者"，"他日阁下求百执事之人，随左右而取之，衣冠、礼乐、纪纲、文章尽在于是"。耶律楚材对其中的一些人予以安排，有些还得到重用。

太宗九年（1237年），楚材对太宗说："儒臣之事业，非积数十年，殆未易成也。"

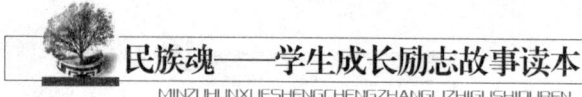
太宗说:"果尔,可官其人。"

楚材说:"请校释之。"

于是命令宣德州宣课使刘中随郡考试,分经义、词赋、论为三科,儒生被俘而为奴隶的人,也允许参加,主人把奴隶藏匿起来不让考试者,处以死罪。这次考试共取士人4030人,有四分之一被免为奴隶,其中不乏精通政事、廉洁干练之人,如杨奂。金时举进士不中,"乃作万言策,指陈时病,皆人所不敢言者,未及上而归,教授乡里。"后来刘中策试进士,杨奂在东平应试,两次都为赋论第一。随同监试官北上,被耶律楚材所欣赏,上奏予以推荐,授予河南路征收课税使,兼廉访使,"奂既至,招致一时名士与之议,政事约束一以简易为事。按行境内,亲问盐务月课几何,难易若何。有以增额言者,奂责之曰:'剥下欺上,汝欲我为之耶。'即减元额四之一,公私便之。不逾月,政成,时论翕然,以为前此漕司未之有也。"

心灵物语

耶律楚材协助元太宗制定的各项政策,对促进蒙古民族的进步,推动社会生产的发展起了一定作用。

史海钩沉

耶律楚材的突出政绩

耶律楚材任职期间,坚决反对战争中的残暴行为。按照蒙古的惯例,对拼死抵抗的城池,城破之时就要屠城,以此作为报复。而耶律楚材力劝元太宗改变这种野蛮的做法,保全普通百姓生命。元太宗采纳了他的建议,一场毁灭中原农业文明的浩劫被阻止了,中原千百万生灵也被保全了下来。这也是耶律楚材对中国历史、中华文明作出的最大的贡献。

刘秉忠献治国策

　　刘秉忠（1216—1274年），邢州（今邢台市）人，元代政治家、作家。曾祖于金朝时在邢州任职，因此移居邢州。蒙古王朝灭金后，刘秉忠出任邢台节度府令史，不久就归隐武安山，后从浮屠禅师云海游，更名子聪。元世祖忽必烈即位前，注意物色人才，他与云海禅师一起入见，忽必烈把他留在身边，商议军国大事。忽必烈即位后，国家典章制度，他都参与设计草定。拜光禄大夫、太保，参领中书省事，改名秉忠。

　　《元史》中对元世祖忽必烈是这样记载的："中统元年，世祖即位，问以治天下之大经、养民之良法，秉忠采祖宗旧典，参以古制之宜于今者，条列以闻。于是下诏建元纪岁，立中书省、宣抚司。"又说："颁章服，举朝仪，给俸禄，定官制，皆自秉忠发之，为一代成宪。"秉忠便是元初名臣刘秉忠。

　　刘秉忠早年出家为僧，法名子聪。元世祖忽必烈尚未继位时，一次路过云中（今山西大同），"闻其博学多材艺，邀与俱行。既入见，应对称旨，屡承顾问""论天下如指诸掌"。忽必烈即位前不久，刘秉忠上书劝他确立政治制度，以便更有效地统治新占领的地区和为统一天下奠定基础。

　　这次上书的一项重要内容是讲"以马上取天下，不可以马上治"。所谓"马上取天下"，就是以武力逐鹿中原，统一天下；"马上治"则为

依靠武力进行统治。那么为什么能"以马上取天下",却"不可以马上治"呢？因为历史的经验表明，靠武力统治人民，既困难，又不易成功；即使成功了，也难以保持长久。因此，刘秉忠提出了几条"不以马上治"的办法，这些办法都是针对蒙古政权当时的一些问题提出来的。

其一为选贤任能，设官立职统辖万民。蒙古人在东征西讨的过程中，无暇建立稳固的地方政权，因此仍由原来的地方官员进行统治；而中央的官制也很不健全，皇帝最宠信谁，谁就是宰臣，出征则临时任命将领，没有固定的官制。所以刘秉忠建议："君之所任，在内莫大乎相，相以领百官，化万民；在外莫大乎将，将以统三军，安四域。内外相济，国之急务，必先之也。"

刘秉忠的建议是说，君王必须先选择好宰相和将帅。相主政，总领全国大政，制定各项政策，处理重大事务；将主军，责任是统领军队，安定四方，制止动乱。这两个职务是治国的关键，任人不当，便很难治理好国家。但仅靠将相还不能治理国家，因为"天下之大，非一人之可及；万事之细，非一心之可察"。所以还要选择好地方官，处理地方政务。当时的地方官多为金代旧臣，不懂得蒙古政权的法令。

刘秉忠建议，"当择开国功臣之子孙，分为京府州郡监守，以遵王法；仍差按察官守，治者升，否者黜，天下不劳力而定也。"官制的另一个问题是怎样确定其赏罚。当时官员的赏罚非常混乱，"官无定次，清洁者无以迁，污滥者无以降"。总之，官员的升迁赏罚都没有标准，所以"百官自行威福，进退生杀唯意之从"。刘秉忠建议，"比附古例，定百官爵禄仪仗，使家足身贵。有犯于民，设条定罪"。这样，就把予夺威福的权力掌握在君主手里，使百官不得任意妄为，只能尽心奉职。

刘秉忠还在用人方面阐明了自己的看法，他认为任命官员应根据才能量才任用。在这次上书中提出："明君用人，如大匠用材，随其巨细长短，以施规矩绳墨……君子所存者大，不能尽小人之事，或为一短；小人所拘者狭，不能同君子之量，或有一长。尽其才而用之，成功之道也。"这是很科学的用人方法。他所说的"君子"，指的是那些能力较强、道德高尚的人。如果把所有的事都交给君子去做，固然很好，却不现实，也不合理。一来君子毕竟是少数，无法完成浩繁琐碎的工作；二来以大才理小事，是人才的无谓浪费；三是君子也未必无所不知，无所不晓，正如俗语所说"尺有所短，寸有所长"。另一方面，如果把大事交给能力不足的小人去做，则会造成失误。所以，完全任用君子和不依据能力任用小人都是不妥当的，正确的方法是量才任用，用其所长，避其所短。这样才会做好各项工作，也不觉得缺乏人才。

其二是整顿赋税，安顿百姓，恢复和发展生产。蒙古政权在初入中原时，四处抢掠杀戮，各地深受其害，人民或被杀掳，或四处逃散，使农业生产受到极大破坏。蒙古人为了维护自己的统治，逐渐采取征收赋税的办法，但仍不时抢掠，所定赋税也非常繁重苛杂，人民无法承担，只好逃亡。正如刘秉忠所说："差徭甚大，加以军马调发，使臣烦扰，官吏乞取，民不能当，是以逃窜。"百姓流离失所，生产停顿，对统治者也是不利的。因而刘秉忠建议赋税"比旧减半，或三分去一，现在之民以定差税，招逃者复旧业"。

他还进一步从国与民之间的关系说明减轻赋税的必要性。他说："国不足，取于民；民不足，取于国，相需如鱼水。"那么"民不足"，怎样"取于国"，"国不足"又怎样"取于民"呢？刘秉忠解释说："有国家者，置府库，设仓廪，小为助民；民有身者，营产业，辟田野，亦为资国用也。"国与民相辅相成，国家才会富强，但根本还在于民，没有人民生产劳动，所谓富民强国都无从谈起。而"今地广民微，赋敛繁重，民不聊生，何力耕耨以厚产业？"民无力营产业，田野就不会垦辟，当然更无法资国用，国家财政收入更加没有着落，因此急需"差劝农官一员，率天下百姓务农桑，营产业，实国之大业也"。他还指出，减轻百姓科徭赋税，发展农业生产，必须慎重选择县级官吏，这一级官员与百姓接触最多，人称"亲民官"，他们的好坏关系到百姓的切身利益，县级官吏选得好，百姓就会热衷生产，社会才能安定。

其三是制定刑律，使官员百姓有法可依。蒙古政权在占领区内，没有明确的法令规定，或以金朝旧法断案，或依蒙古人的习惯法行事，还有很多官员随意施法，滥杀无辜。总的来说，当时的法制非常混乱。所

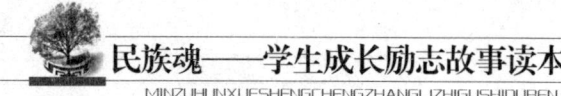
以刘秉忠提出首先要明教令，"现在囚人宜从赦免，明施教令，使之知畏，则犯者自少也。"教令应简要明确，而不应繁杂混乱，"教令既设，则不宜繁，因大朝旧例，增益民间所宜设者十数条足矣。"教令的施行应力求公正廉明，慎重审查执行。"教令既施，罪不至死者皆提察然后决，犯死刑者覆奏然后听断，不致刑及无辜。"至于箠笞等刑罚，则"宜会古酌今，均为一法，使无敢过越。禁私置牢狱，淫民无辜，鞭背之刑宜禁治，以彰爱生之德。"

其四为兴儒学，建学校，培养和选拔人才。耶律楚材在太宗窝阔台时曾提倡儒学，但由于连年征战，社会动荡，很难取得什么效果。此外，战争时期多重用能征善战的将领，或看重有奇谋大略的谋士，对那些推行教化、管理政权的儒生则不太重视，更谈不上推行风俗教化了。当时虽然各地有些学校，也是儒生和地方士绅所办，"郡县虽有学，并非官置"，而蒙古政权对此仍未加注意。刘秉忠针对这种情况向忽必烈建议，"宜从旧制，修建三学，设教授，开选择才，以经义为上，辞赋策论次之，兼科举之设……开设学校，宜择开国功臣子孙受教，选达才任用之。"他表示要提倡教化，只兴建学校还不够，还必须尊崇儒学，重视和关心儒生，他对忽必烈说："孔子为百王师，立万世法，今庙堂虽废，宜令州郡祭祀，释奠如旧仪。"

对各地儒生，他则主张予以优待，提出"国家广大如天，万中取一，以养天下名士宿儒无营运产业者，使不致困穷。或有营运产业者，会前圣旨，种养应输差税，其余大小杂泛并行蠲免，使自给养，实国家养才励人之大也。"

刘秉忠主张在生活上关心和优待儒生——当时的知识分子，此点抓住了重视人才的根本，是治本的上策。知识分子的功能就是学习和传播文化知识，在古代，他们的前途只有走科举之路，求取功名。在战争年代，科举废弛，知识分子失去了科举之途，对学问也就没有了信心。但他们除了读书讲论之外，其他一无所长，肩不能挑担，手不能提篮，平生所学派不上用场，生活便没有了着落，沦为乞丐者有之，自卖为奴者有之。有的人虽有产业，暂时虽无冻饿之忧，但在沉重的赋税重压之下，生活也非常艰难。知识分子处于这种境地，自然也就无人再重视知识、尊重人才了。而任何政权要想长久有效地实行统治，既离不开知识，又离不开知识分子，而尊重知识、重视知识分子的最有效措施，就是在生活上关心知识分子，给他们以各种优待，使他们既在生活上无后顾之忧，又能在社会上有一定的地位，受到人们的尊重。刘秉忠确实看得很准。

其五是广开言路，听取各方面意见，"兼听则明"。古代君王高高在上，大臣说恭维话的人多，说逆耳话的人少，因此很难听到不同意见，处理政务时也就容易偏颇。刘秉忠对忽必烈说："君子不以言废人，不以人废言，大开言路，所以成天下，安兆民也。"所谓"不以言废人"，指的是不因某人说错话，就将其看得一无是处；"不以人废言"，是说不能因为某人品行不好，或没有才能，便认为他说的话也一定庸俗，不会有高明之处。这两种观点无疑都是错误的，无法做到全面地看问题，更不会开言路。

只有做到"不以言废人"，又"不以人废言"，才会大开言路，使人们敢于提出各种建议，人君也有可能广采众言，择善而用。但言论进奏太多，也难免有一些私欲佞说掺杂进来，如果人君头脑不清，就会受其蒙蔽，此其一；人君身边难免有小人进谗言，这些人最会投人所好，用花言巧语骗人，人君高高在上，很容易为人所骗，此其二。如果普通人受骗，上当的只是一个人；人君若为其所骗，受害者就遍及天下。刘秉忠对此深有了解，他在上书中说："天地之大，日月之明，而或有所蔽。且蔽天之明者，云雾也；蔽人之明者，私欲邪说也。常人有之，蔽一心也；人君有之，蔽天下也。"

为了避免受蒙蔽，刘秉忠提出两个办法，一是"常选左右谏臣，使讽谕于未形，忖画于至密也。"就是选拔正直通达的人任谏臣，有他们在人君身边经常劝谏匡正，反复全面地讨论筹划，人君才会少犯错误。二是"远佞人""恶利口之覆邦家者"，这是孔子的话，前一句是说应远离奸佞小人，以免为其所惑；后一句讲的是不要听信那些不负任何责任的高谈阔论，以防其误国。三国时诸葛亮曾劝蜀汉后主刘禅亲贤人、远小人，讲的也是这个道理，看来古代贤者多有共通之处。

■心灵物语

刘秉忠上书的各项内容，虽然都是针对当时的一些具体情况提出的，但也可看作是历代王朝统治经验的总结。这些内容不仅成为刘秉忠佐助元世祖忽必烈制定各项制度的基本思想和原则，也为后代统治者所借鉴。

■史海钩沉

忽必烈广招人才

1251年，蒙哥即位，忽必烈受命在金莲川设置王府，管理漠南地区，开始广招汉族人才，并施展自己"大有为于天下"的抱负。当时，刘秉忠、姚枢等人辅佐忽必烈在金莲川制定了"广招天下英俊，讲论治道"的用人方略及施政方针，藩府旧臣，四方文士，大批有识之士迅速云集到忽必烈的王府，并由刘秉忠引荐，他的同学、学生、故交，如张文谦、张易、李德辉、刘肃、李简、张耕、马亨、王恂、刘秉恕（刘秉忠弟弟）等人，都先后进入王府，为忽必烈献计献策，从而为后来忽必烈夺权奠定了坚实的基础。

■文苑荟萃

临苍颉书

（元）刘秉忠

但愿自宗为法度，不辞人笑费功夫。
他年变尽龙蛇体，更看飞云满太虚。

清政府为何建木兰围场

清圣祖康熙（1654—1722年），名爱新觉罗·玄烨。康熙的称谓来自其年号。他是在位时间最长的皇帝。康熙执政期间，撤除吴三桂等三藩势力（1673年），统一台湾（1684年），平定准噶尔汗噶尔丹叛乱（1688年—1697年），并抵抗了当时沙俄对我国东北地区的侵略，签订了中俄《尼布楚条约》，维持了东北边境150多年的边界和平。他还在承德修建了避暑山庄，将其作为蒙古、西藏、哈萨克等部王公贵族觐见的场所。

"木兰"为满语，意为哨鹿，木兰围场即猎鹿的围场，创建于康熙二十年（1681年）。

满洲八旗在清世祖顺治年间定居北京后，许多人不再服兵役，也不从事生产，而完全凭借自己或祖辈的功劳领取优厚的俸禄，终日习于嬉戏，无所事事，使武备废弛。为此，清圣祖于康熙十二年（1673年）下的一道谕旨，严厉斥责八旗都统等对八旗子弟"不勤加教育"，提出将一些"闲散满洲令其披甲"，以重武备。

康熙二十年（1681年），清圣祖下令，将蒙古喀喇沁、敖汉、翁牛特等部所献的牧地作为"行围讲武之所"，并用以结好蒙古王公，从而创立了木兰围场。

木兰围场位于"承德府北境外蒙古各部落之中，周1300余里，东西300余里，南北200余里。东至喀喇沁旗界，西至察哈尔旗界，南至承德府界，北至巴林及克西克腾旗界，东南至喀喇沁旗界，西南至察哈尔镶

白旗界，东北至翁牛特旗界，西北至察哈尔正蓝旗界"。整个围场共有67处。围场创建时，即设有管理人员，但设备简陋，没有行宫。康熙四十五年（1706年）以后，建有"中关""波罗河屯""张三营"等行宫。至清高宗乾隆年间，围场得以扩大，设备完善，行宫星罗棋布，蔚为壮观。

康熙二十二年（1683年）六月，时当盛年的圣祖陪其祖母孝庄文太后自京出塞。此举名为避暑，实则抱有重要的政治目的。因为从当时国内形势而言，蒙古察哈尔部布尔尼叛乱虽已压平数年，但蒙古各部人心不稳，纠纷不已，亟待加强安抚、联系，以巩固清朝的统治；另一方面，数十年来沙俄不断东侵和南下，以施展其觊觎和染指我国蒙古地区的阴谋，这就需要清政府加强对蒙古地区的管理，维护祖国的统一。清圣祖就是抱着这样的目的，利用围猎的机会，对蒙古地区的山川地势进行了大量的实地考察，掌握了不少第一手的资料。此后，直至康熙六十一年（1722年）清圣祖去世前，年年出塞巡察和行围，其中康熙三十五年（1696年）因亲征准噶尔部噶尔丹而未出塞行围。

康熙之后，除清世宗"因日不暇浴"而未有出塞行围外，高宗、仁宗、宣宗、文宗均遵循圣祖作法。清代皇帝每年围猎规模盛大，人马众多。如康熙五十年（1711年），随圣祖出塞的官员、嫔妃、阿哥及八旗甲士约有3万余人，形成了一支浩浩荡荡的大军。行围的参加者，除满、汉，蒙古王公外，兵士为八旗满洲、八旗蒙古（因行围要求弓马技艺，故不用八旗汉军和绿营兵），屌期以20日为度。围猎时的具体方法是："上（皇帝）搜猎木兰时，于黎明亲御名骏，命侍卫等导引入深山叠嶂中寻觅鹿群。命一侍御举假鹿头，作呦呦声，引牝鹿至，急发箭噎毙，取其血饮之。"清圣祖本人弓马技艺娴熟、高超，他一天曾射杀兔318只，一生中用鸟枪击毙的虎有135只、熊20只、豹25只、猞猁狲10只、麋鹿14只、狼96只、野猪132只、鹿有数百只。他这样做的目的，自然是在告诫八旗兵：不可因国家承平无事，忘记武备。

清代皇帝为结好蒙古王公，曾规定了他们定期朝见的"年班"和"围班"制度。已经出痘的蒙古王公，因有了终身免疫力，称为"熟身"，每年岁末可轮流进京朝见皇帝，称为"年班"；没有出痘的蒙古王公，因无免疫力，为避免高温染病，不便进京，称为"生身"，他们朝见皇帝，就是在较为凉爽的塞外行围中进行的，即"围班"。如乾隆十九年（1754年），厄鲁特蒙古辉特部台吉阿睦尔撒纳降清时，高宗从维护国家统一的目的出发，准其朝见，但"因其未出痘，命俟东巡回跸，至热河（今承德）迎谒"。

木兰围场是清代皇帝行围校射的活动场所。康熙中期以后兴建的避暑山庄，则成了欢宴蒙古王公的地方。通过围猎、筵宴，加强了满蒙贵旗集团间的了解和友谊，促进了以满、汉贵族地主为主的清政权的巩固。

清圣祖在行围中，还十分关切蒙古人民的生产和生活。例如，康熙三十年（1691年）的行围中，清圣祖派人分5路查赈蒙古各旗佐领内的贫苦之民，规定："贫乏之户，由本旗扎萨克及富户喇嘛等抚养；不足，则各旗公助牛羊。每贫台吉，给牛3头、羊15只；每贫人给牛2头，羊10只。令其孳育，永作生理，毋为盗贼，亦不致流亡。"除了赈济之外，清圣祖还多次谕令查赈的内阁学士对蒙古要勤加"教养"，首重劝善惩恶，鼓励蒙古人利用"佳田"种百谷，准其与内地人民进行贸易。另外，为了防止饥荒的发生，在哲里木盟等三处，"每旗各设一仓，每年秋收后，各佐领下壮丁每丁输粮一斗存仓"。以上这些措施，有力地促进了蒙古地区生产的发展和社会经济的繁荣。

康熙四十六年（1707年），蒙古王、贝勒、贝子、公、台吉等，各率所部向清圣祖进献马匹时说的一段话，可从一个侧面说明这一点。他们说："臣等祖父以来，受圣主隆恩，抚恤豢养，俾各得其所，已数世矣。逮及臣等，遭噶尔丹之变，父母、兄弟、妻子俱不能相保。蒙我皇上轸念，特遣大臣官员，将离散之人收养，又颁赏银米、布帛、牲畜等物，使永立生业，教之播种。比年以来，马匹蕃滋，衣食丰足。高厚之恩，万难仰报。"

□心灵物语

清圣祖以行围和筵宴笼络了蒙古各部，所起的作用远远超过了历代，正如高宗所说："自秦人北筑长城，畏其南下，防之愈严，则隔绝愈盛，不

知来之乃所以安之。我朝家法，中外一体，世为臣仆。皇祖辟此避暑山庄，每岁巡幸，俾蒙古未出痘生身者皆得觐见、宴赏、锡赉，恩亦深而情亦联，实良法美意，超越千古云。"这就有力地加强了清政府与蒙古族和其他民族的凝聚力，维护了祖国的一统大业。

■史海钩沉

康熙兴文重教

康熙在位期间，十分重视文化教育，还亲自主持编纂了许多重要的典籍，如《康熙字典》《佩文韵府》《清文鉴》《康熙全览图》《古今图书集成》等。康熙主持编纂的典籍就有60多种，大约有两万卷，现在已成为中华民族文化中的重要精神财富。

康熙一朝，使清帝国屹立于世界的东方。当时，俄国有彼得大帝，法国有路易十四，康熙与他们相比，也有过人之处。康熙统治时期，中国的人口最多，经济最富裕，文化最繁荣，疆域最辽阔，国力最为强盛。康熙时期，清朝的疆域东起大海，西到葱岭，南至曾母暗沙，北跨外兴安岭，西北到巴尔喀什湖，东北到库页岛，总的面积大约有1300万平方公里。

■文苑荟萃

登澄海楼观海

（清）康熙

朱栏画栋最高楼，海色天容万象收。

海底鱼龙应变化，天中云雨每蒸浮。

无波不具全潮势，此日真成广汉游。

仙客钓鳌非我意，凭轩帷是羡安流。

第四篇
安民治国

管仲的安民策略

管仲（？—前645年），姬姓，管氏，名夷吾，谥敬，春秋时期齐国颍上（今安徽颍上）人，周穆王的后代，史称管子。春秋时期齐国著名的政治家、军事家。管仲少时丧父，老母在堂，生活贫苦，不得不过早地挑起家庭重担，为维持生计，与鲍叔牙合伙经商，后从军。到齐国，几经曲折，经鲍叔牙力荐，为齐国上卿（即丞相），被称为"春秋第一相"，辅佐齐桓公成为春秋时期的第一霸主，所以又说"管夷吾举于士"。管仲的言论见于《国语·齐语》，另有《管子》一书传世。

历史上认为，齐桓公"九合诸侯，一匡天下"，都是"管仲之谋"。而"安民"政策，更是"管仲之谋"的一个重要内容。

管仲在辅佐齐桓公期间，对"民"与"国"的关系有着充分的认识。他说："政之所兴，在顺民心。政之所废，在逆民心。"因此，他认为，能处理好"民"的若干大问题，就是政治中最可贵的："民恶忧劳，我佚乐之。民恶贫贱，我富贵之。民恶危坠，我存安之。民恶灭绝，我生育之。能佚乐之，则民为之忧劳。能富贵之，则民为之贫贱。能存安之，则民为之危坠。能生育之，则民为之灭绝。故刑罚不足以畏其意，杀戮不足以服其心。故刑罚繁而意不恐，则令不行矣。杀戮众而心不服，则上位危矣。故以其四欲，则远者自亲；行其四恶，则近者叛之。故知'予之为取者，政之宝也'。"

　　管仲所说的"顺民心"，其实就是要顺其"四欲"；"逆民心"，就是统治者"行其四恶"。要做到"四顺"，不行"四恶"，统治者就必须首先理解顺于民就是为了取之于民的道理。如果不懂得这个道理，统治者肆其所欲，用刑罚和杀戮来压制人民，结果只能是"刑罚不足以畏其意"，"杀戮不足以服其心"，国家的政令就无法施行，统治者的地位就危险了。

　　据《国语·齐语》中记载，齐桓公在得到管仲之后，管仲就提出了一个治天下的纲领："参其国而伍其鄙，定民之居，成民之事，陵为之终，而慎用其六柄焉。"这一纲领的中心问题，也就是处理好与"民"的关系。

　　"参其国"是三分国都以为三军，"伍其鄙"则是五分其郊野以为五属；治理"五属"的重点，就是"民"。管仲回答齐桓公问"五鄙若何"的问题，在短短一段话中，就用了五个"民"字，一个"百姓"。

　　"相地而衰征，则民不移；政不旅旧，则民不偷；山泽各致其时，则民不苟；陆、阜、陵、瑾、井、田、畴均，则民不憾；无夺民时，则百姓富；牺牲不略，则牛羊遂。"

　　合理的赋税、清明的政治，才能使人民生活安定，调动他们的生产积极性，使国家强盛起来。这里强调的是政治对于老百姓从事正常生产劳动的保护。在管子看来，"仓廪实则知礼节，衣食足则知荣辱"，能够保证人民的"衣食足"，才能建立起和谐的社会秩序；如果物质生活的问题得不到较好的解决，就无法对其进行道德的规范，而专恃刑罚又是不能实行全面有效控制的，所以管子视"务在四时、守在仓廪"为有国者的根本任务，它能使民"不移""不偷""不苟""不憾"而使其"富"。在管子所说的"四顺"中，这是他最为强调的。

　　所谓"定民之居"，就是使人安居。在管仲看来，把各种居民归入相应的行政管理系统，就会秩序井然，不相混乱。"管子于是制国以为二十一乡：工商之乡六，士农之乡十五"，"三乡为县，县有县帅；十县为属，属有大夫。五属，故立五大夫，各使治一属焉；立五正，各使听一属焉。是故正之政听属，牧政听县，下政听乡。"

　　所谓"成民之事"，就是使民"乐业"。当时将民划为士、农、工、

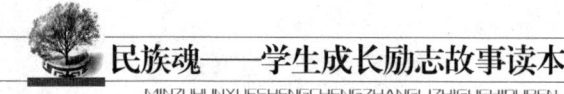

商四类。管仲认为，这四类民，若"勿使杂处"，把他们划归在以上的各乡中，不仅可以减少管理上的繁乱，而且可以使他们便于传授技艺，"不见异物而迁"，使"士之子恒为士"，"工之子恒为工"，"商之子恒为商""农之子恒为农"。

从富民的目标出发，使人民安居乐业，是国家稳定、富强的基本条件。管仲说："滋民，与无财，而敬百姓，则国安矣。"只有在这个基础上，才能谈"正卒伍，修甲兵"，才能强化国家的武力。

管仲还认为，人民中间的不安定因素都是施政不当所造成的。他说："不务天时，则财不生；不务地利，则仓廪不盈；野芜旷，则民乃菅；上无量，则民乃妄；文巧不禁，则民乃淫……不明鬼神，则陋民不悟；不敬宗庙，则民乃上校；不恭祖旧，则孝悌不备。"只有统治者大力发展生产，使国家富足，并为进一步扩大生产创造了条件，人民才会乐于"留处"，才会吸引别国的人民前来归服。

■心灵物语

春秋前期，政治的动荡造成了人民的大规模流动，因此争取民众就成了统治者富国强兵的首要任务。管子为齐桓公谋称霸之道而首先提出"顺民心"，并把人民中的不安定因素归罪于统治者绝非偶然。"齐国遵其政，常强于诸侯"，说明他确实抓住了问题的关键。顺民心则国兴，逆民心则国亡。

■史海钩沉

管仲不谢私恩

管仲因罪被捕，从鲁国押往齐国。他饥渴地在大道上走着，路过绮乌郡时，防守边疆的人跪在地上非常恭敬地请他吃食物。因此私下里，这个防守的人对管仲说："如果你有幸到了齐国而没被处死，还被齐国重用的话，你要怎么报答我呢？"管仲回答说："假如真像你说的那样的话，那么我重

用贤良者，让有才能的人得以发挥，我怎么谢你呢？"这个防守边疆的人因此而怨恨管仲。

□文苑荟萃

管仲二首

（宋）陈造

（一）

棠潜俄正鲁封圻，施伯安翔穔载归。

屍授夷吾宁复此，君臣应愧始谋非。

（二）

平生勋业载成书，胁制诸侯只霸图。

盍继车攻奏嘉颂，迄今璧帛篚东都。

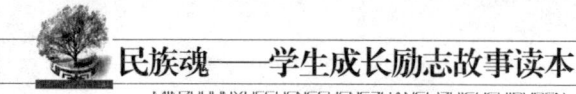
 # 孟子的安民思想

孟子（公元前372—前289年），姬姓，孟氏，名轲，战国时期鲁国人。他是鲁国庆父后裔，中国古代著名思想家、教育家，战国时期儒家代表人物，著有《孟子》一书。继承并发扬了孔子的思想，成为仅次于孔子的一代儒家宗师，有"亚圣"之称，与孔子合称为"孔孟"。

孟子主要活动在战国时期诸侯变法革新的时代，当时，"秦用商君，富国强兵；楚、魏用吴起，战胜弱敌；齐威王、宣王用孙子、田忌之徒，诸侯东面朝齐"，而孟子则以承禹、周公、孔子"三圣"自励，以"欲平治天下，当今之世，舍我其谁也"的气概，奔走于诸侯之间，宣传他的"仁政"理想。

在孟子的"仁政"思想当中，摆正民众的地位是重要的内容之一。孟子认为，在整个社会政治当中，"民"是最主要的。他说："民为贵，社稷次之，君为轻。是故得乎丘民而为天子，得乎天子为诸侯，得乎诸侯为大夫。诸侯危社稷，则变置。牺牲既成，粢盛既絜，祭祀以时，然而旱干水溢，则变置社稷。"孟子认为，在民、社稷和君主三者之间，后两者都无法与"民"的地位相比。因为一个国家的政权是否巩固，国君是否有威信，关键就在于他是否能获得民心。所以，只有得到了百姓的支持，才能做诸侯王和天子。孟子的这一观点是商周以来最为大胆、最为新鲜的意见。

　　孟子还认为，诸侯的宝贝不是珠玉，而是"土地、人民、政事"三宝。"天下之本在国，国之本在家，家之本在身"，所以"得其民，斯得天下矣"。孟子用历史事实证明，尧舜能得到天下，是因为能得其民；桀纣所以失去天下，是因为失其民，而"暴其民甚，则身弑国亡，不甚则身危国削，名之曰幽、厉"。

　　什么叫"得其民"呢？孟子说："得其民有道；得其心，斯得民矣。"

　　孟子言必称尧舜，他虚拟了尧舜的行事及其制度来论证自己的主张。他认为，尧舜的政治手段是得民心的典型，为国者应当"法尧舜"。在处理人民的事务方面，如果"不以尧之所以治民"，就是"贼其民"。残害人民，那绝不能保有天下的。只有"保民而王"，才会"莫之能御也"。

　　有理性的认识还不够，孟子认为，统治者还需有感情上的转变，必须与百姓同乐。《孟子·梁惠王》记载了一则孟子与齐宣王讨论音乐和快乐的故事很有趣，也很深刻。

　　孟子听说齐宣王爱好音乐，就去谒见他，对他说，大王爱好音乐，齐国会很有希望的。齐王不好意思地回答说，他不过是爱听点"世俗之乐"罢了。孟子还是很夸奖齐王，说不管是古代音乐还是现代音乐都一样，齐国会因此而很不错的。齐王不懂这个道理，于是便产生了下面的对答。

　　孟子曰："独乐乐，与人乐乐，孰乐？"

　　齐王曰："不若与人。"

　　曰："与少乐乐，与众乐乐，孰乐？"

　　曰："不若与众。"

　　孟子马上接着讲了欣赏音乐与娱乐的道理。他说：假如百姓听到大王在这儿欣赏音乐，全都觉得头痛，愁眉苦脸地互相议论：我们国王这样爱好音乐，为什么使我苦到这般地步呢？父子不能见面，兄弟妻子东逃西散！假如大王打猎，百姓也作出同样的反应，这原因就是大王只图自己快乐而不同大家一起娱乐的缘故。假如百姓知道大王听音乐、打猎，却眉开眼笑地相互转告说：我们的国王大概很健康吧！这没有别的原因，只是因为大王同百姓一同快乐。而"与百姓同乐，则王矣"，"乐民之乐者，民亦乐其乐；忧民之忧者，民亦忧其忧。乐以天下，忧以天下，然而不王者，未之有也"。

"与民同乐"更广泛的含义是"与民同好"。无论对财货和男女的欲望，统治者均应"与百姓同之"。其中最重要的，是在对重大问题的处理，应当听取民众的意见。

孟子把自己的政治主张统称为"仁政"，包括思想、感情、具体的政治措施在内的多方面的内容，其中心是处理好人民的各种问题。所以，他将符合自己理想的统治局面叫作安民。他说"文王一怒而安天下之民"，"而武王亦一怒而安天下之民"。他也很自负，说如果齐王肯起用他，"岂徒齐民安"，而且是"天下之民举安"！可见他"仁政"的一个重要标志就是安民，安民便是他追求的一大目标。

■心灵物语

孟子的思想产生在战国那一特定的历史条件下，其目的最终是为统治阶级服务的。他的安民思想从基本认识到具体措施也都包含着许多理想的成分，但是从中所表达的"民贵君轻""得民心者得天下""与民同乐""轻徭薄赋"、使民"养生丧死无憾"等主张，却不能说没有民主思想的精神。《孟子》一书，直至五代后蜀才开始列入了儒家的经典读物当中，后来在明初又发生了关于其地位的争论，不是完全没有原因的。

■史海钩沉

孟子提出道德理论

孟子将道德规范概括为四种，即仁、义、礼、智。同时，他还把人伦关系概括为五种，即"父子有亲，君臣有义，夫妇有别，长幼有序，朋友有信"。

孟子认为，仁、义、礼、智四者之中，仁、义最为重要。而仁、义的基础是孝、悌，而孝、悌又是处理父子和兄弟血缘关系的基本道德规范。

因此他认为，如果每个社会成员都能用仁、义来处理人与人之间的关系，那么封建秩序的稳定和天下的统一就有了可靠的保证。

为说明这些道德规范的起源，孟子还提出了性善论的思想。他认为，尽管每个社会成员之间有分工的不同和阶级的差别，但他们的人性是相同的。他说："故凡同类者，举相似也，何独至于人而疑之？圣人与我同类者。"在这里，孟子将统治者和被统治者摆在了平等的地位上。

■文苑荟萃

读孟子

（宋）曾巩

千载士推无此拟，一编吾喜窃窥观。

苟非此道知音少，安有兹人得志难。

机巧满朝论势利，疮痍连室叹饥寒。

先生自是齐梁客，谁作商岩渭水看。

贾谊的抚民论

> 贾谊（公元前200—前168年），汉族，洛阳（今河南省洛阳市东）人，西汉初年著名的政论家、文学家。18岁即有才名，年轻时由河南郡守吴公推荐，20余岁被文帝召为博士，不到一年被破格提为太中大夫。23岁时因遭群臣嫉恨，被贬为长沙王的太傅。后被召回长安，为梁怀王太傅。梁怀王坠马而死后，贾谊深感歉疚，直至33岁忧伤而死。其著作主要有散文和辞赋两类。散文如《过秦论》《论积贮疏》《陈政事疏》等都很有名；辞赋以《吊屈原赋》《鵩鸟赋》最著名。

　　秦王朝二世而亡，在当时可以说是震惊中外的重大事件。继起的汉朝和后世封建王朝的统治者，都力图从秦亡的教训中总结长治久安之道。西汉初年著名的政治家贾谊写了一篇脍炙人口的《过秦论》，从民生安定与治乱的关系探讨了秦朝的兴亡，提出了"牧民之道，务在安之而已"的论点，可谓切中要害。

　　贾谊在《过秦论》中引述的谚语"前事不忘，后事之师也"，他认为：君子治国，必须善于总结历史的经验教训，即"观之上古，验之当世，参以人事，察盛衰之理，审权势之宜，去就有序，变化有时"，只有这样，才能"旷日长久而社稷安矣"。

　　接着，贾谊提出了这样的问题："以六合为家，殽函为宫"的秦王朝，为什么会"一夫作难而七庙堕"？贾谊认为，这是因为"仁义不施而攻守之势异也"。

夺取天下和巩固天下应该采取不同的方针:"并兼者高诈力,安定者贵顺权。"所谓顺权,就是顺应时势的变化,顺应百姓的要求。秦王嬴政南面称帝时,普天下的老百姓都是由衷拥护的,这是因为"近古之无王者久矣"。自从周朝王室衰微,诸侯力政,互相兼并,战乱不休,老百姓深受其害。现在,秦始皇南面王天下,总算有了名副其实的天子,老百姓都以为从此可以安居乐业,自然打心眼儿里对皇帝表示拥护。当时,守威定功,安危成败的根本,就在这里。可惜的是,秦始皇自以为靠武力夺取政权,"其道不易,其政不改。"贪鄙自奋,刚愎自用,不信功臣。不亲士民,禁文书而酷刑法,先诈力而后仁义,以暴虐为天下始,结果种下了秦朝速亡的祸根。

到秦二世胡亥即位时,老百姓对他抱着很大的期望。饥者易为食,寒者易为衣,老百姓处于水深火热之中,正是新统治者治国的凭藉。这就是通常所说的"劳民之易为仁"。只要秦二世有庸主的才能,改正始皇的过错,虚囹圄而免刑戮,赈济孤独穷困。"轻赋少事,以佐百姓之急,约法省刑以持其后",满足百姓的需求,就可以笼络天下的民心。四海之内的民众都安居乐业,狡猾之民、不轨之臣即使想挑起事端,也决不能得逞。可是,秦二世不依照这个方针去治国理民,反而变本加厉,重之以无道,"繁刑严治,吏治刻深,赏罚不当,赋敛无度","蒙罪者众,刑戮相望于道"。于是,天下苦秦,人怀自危之心。陈胜之所以奋臂于大泽乡而天下响应,其根本原因就在于"民危",即百姓不安其位。

所以,从历史的发展变化和国家的兴衰成败来看,"牧民之道,务在安之而已。"有道是"安民可与行义,而危民易与为非"。秦二世贵为天子,富有天下,却不懂这个道理,结果落得个身首异处的可悲下场。

□心灵物语

贾谊从"牧民之道,务在安之而已"的思想出发,给汉文帝上了《治安策》,为汉初的稳定及文景治世的出现奠定了积极作用。

■史海钩沉

贾谊年少有为

贾谊在幼年时期，就刻苦学习，博览群书，先秦诸子百家的书籍无所不读。少年时期，贾谊便跟随荀况的弟子、秦朝的博士张苍学习《春秋左氏传》，后来还为《左传》作过注释，但后来失传了。

贾谊对道家的学说也有研究，青少年时期就曾写过《道德论》《道术》等论著。

此外，贾谊还酷爱文学，尤其喜爱战国末期的伟大诗人屈原的著作。汉高后五年（公元前183年），贾谊才18岁，就因为能诵《诗经》《尚书》和撰著文章而闻名于河南郡了。

■文苑荟萃

贾　生

（唐）李商隐

宣室求贤访逐臣，贾生才调更无伦。

可怜夜半虚前席，不问苍生问鬼神。

 # 周勃安定汉室

> 周勃（？—前169年），汉族，沛县（今江苏沛县）人，秦末汉初的军事家和政治家，西汉开国功臣。汉高祖六年（公元前201年）受封绛侯，继因讨平韩信叛乱有功升为太尉。刘邦死前预言"安刘氏天下者必勃也"。刘邦死后，吕后专权，吕后死后，周勃与陈平等合谋智夺吕禄军权，一举谋灭吕氏诸王，拥立文帝，后官至右丞相，谥号为武侯。

秦汉之际，刘邦起兵推翻暴秦，重建统一的封建王朝，这是顺应历史发展潮流的举动。而刘邦称帝后维护统一，致力于休养生息，更是符合广大人民群众的根本利益。刘邦死后，吕氏在吕后扶持下秉兵乱政，对统一和安定构成了严重的威胁。吕后死后，在大臣周勃等人的努力下，平定诸吕之乱，维护了西汉王朝的统治和百姓的安定生活。

汉高祖刘邦乘秦末农民大起义的余威，在秦朝的废墟上建立起西汉王朝。他废除了秦朝的苛法，逐个翦除了异姓诸侯王并代之以同姓诸侯王，又采取一系列安定民生的措施，使新王朝站稳了脚跟。

但是，新王朝能否长治久安的问题，始终萦绕在他的心头。高帝七年（公元前200年），他对丞相萧何说："天下匈匈，劳苦数岁，成败未可知。"正反映了他的这种心情。高帝十二年，他率军平定淮南王英布时为流矢所中，回师途中病情加剧，对新王朝的命运更是忧心忡忡。他路过沛县，设宴招待家乡父老，在宴会上慷慨伤怀地唱起了自编的《大风歌》，歌中流露了"安得猛士兮守四方"的焦虑和期盼。不久，他立

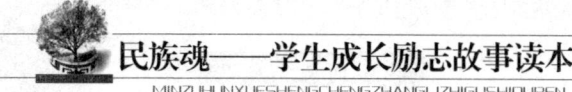
刘濞为吴王，特别告诫刘濞："天下同姓一家，汝慎无反！"到了这年三月，刘邦又郑重诏告天下："吾与天下贤士功臣，可谓亡负矣。其有不义背天子擅起兵者，与天下共伐诛之。"这份诏书和他临终前对将相人事的安排，可以说就是刘邦的政治遗嘱。刘邦临终前，吕后一个劲儿地询问丞相人选，可是刘邦心里想的是谁可以担任太尉，于是把兵权托付给周勃。他对吕后说："周勃重厚少文，然安刘氏者必勃也，可令为太尉。"

周勃的祖先是卷（今河南原阳西南）人，后徙居沛（今江苏沛县）。他出身贫苦，早年以织薄曲为生，常以吹箫助人料理丧事。秦二世元年（公元前209年）九月，周勃随同刘邦起兵于沛，为中涓。在推翻秦王朝、楚汉战争和汉初平定诸侯王叛乱的斗争中，周勃统率的部队一直担任主力，被配置为禁旅，为西汉王朝的建立和稳定立下了汗马功劳。刘邦称帝后，周勃被封为绛侯，食邑8180户。因为周勃骁勇善战，功勋卓著，为人又质朴敦厚，不善言辞，所以被高祖看中，作为自己身后的太尉人选，并且把安定刘氏天下的重任托付给他。

汉高祖刘邦死后，周勃便以列侯事惠帝。惠帝六年（公元前189年），周勃改任太尉。吕后死后，赵王吕禄为上将军，吕王吕产为相国，诸吕秉权，危及刘姓统治。作为开国功臣的周勃，深知统治集团内部团结的重要性，于是在陆贾的帮助下，与丞相陈平合谋，联络朱虚侯刘章等宗室重臣，共诛诸吕。

当时，曲周侯郦商子郦寄与吕禄友善。周勃通过郦商让郦寄劝诱吕禄交出将军印绶，以兵授太尉周勃。周勃入军门后，行令军中："为吕氏右袒，为刘氏左袒。"北军官兵皆左袒。时相国吕产控制南军，不知吕禄已交出北军兵权，仍按预定计划欲入未央宫为乱。周勃令朱虚侯刘章入宫卫帝。刘章入掖门，击杀吕产，于是天下大定，斩吕禄，笞杀吕媭，分部悉捕诸吕男女，无少长皆斩之。周勃与大臣密谋，以为少帝及济川、淮阴、恒山王皆非惠帝之子，遂命有司分部诛之。

吕氏虽然专兵秉政，但他们挑起的祸乱很快以覆灭告终。关键在于吕氏逆潮流而动，违背了广大百姓向往安定生活的愿望。当时，代国的中尉宋昌曾指出："汉兴，除秦烦苛，约法令，施德惠，人人自安，难动摇。"所以，以吕太后之严，立诸吕为三王，擅权专制，然而"太尉以一节入北军，一呼士皆左祖，为刘氏，叛诸吕，卒以灭之。此乃天授，非人力也。"所谓"天授"，其实就是历史潮流、时势之必然。

吕氏之乱平定后，大臣议立代王刘恒为帝，是为汉文帝。由此，西汉王朝进入了安定繁荣的新阶段。

■心灵物语

周勃安定汉室，为文景之治打下了良好的基础，他的贡献也必然流传于世，为后人所敬仰。

■史海钩沉

周勃请归

汉文帝刘恒即位后，便任命周勃为右丞相，赐给黄金5000斤，食邑一万户。过了一个多月后，就有人劝说周勃："您已经诛灭了诸吕，拥立代王为皇帝，威震天下，而您得到了厚赏，居处尊位，已经很受宠信了。时间长了，灾祸要降临您的身上了。"

周勃听后十分恐惧，也自感危险，于是就向皇上谢罪辞职，请求归还相印。文帝同意了他的请求。

■文苑荟萃

周　勃

（宋）徐钧

功成无罪付廷平，借援东朝始得生。

若使当时逢吕后，诛夷又是一韩彭。

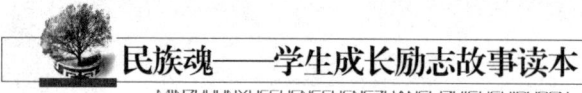

西汉的"萧规曹随"

> 曹参(？—前190年),字敬伯,江苏沛县人,西汉开国功臣,名将,是继萧何后的汉代第二位相国。刘邦称帝后,对有功之臣论功行赏,曹参功居第二,赐爵平阳侯,仅次于萧何。史载曹参"身被七十创,攻城略地,功最多,宜第一"。汉高祖刘邦把长子刘肥封为齐王,任命曹参为齐国相国;汉惠帝二年(公元前193年),汉丞相萧何死后,曹参继任汉丞相,并遵照萧何所制定的政策治理国家。汉惠帝五年(公元前189年),曹参死,谥为懿侯。

　　西汉王朝建立后,汉高祖鉴于亡秦的教训,加之当时社会经济凋敝,民不聊生,于是实行休养生息的政策,诸如轻徭薄赋、宽缓刑狱、务劝农桑等,而丞相萧何则是协助汉高祖制订和推行这一政策的核心人物。由于这一政策使饱经战乱的百姓得以安定地从事生产,因此很快就收到了成效。萧何死后,曹参接任相国的职务,继续推行这一既定政策,历史上称之为"萧规曹随"。

　　曹参原是一位骁勇善战的大将,在协助刘邦夺取天下的一系列战争中立下汗马功劳。刘邦称帝后,他担任齐国丞相9年,实行黄老无为而治,齐国安定,人称贤相。惠帝二年(公元前193年),他继萧何为相国,举事无所变更,一遵萧何约束,选择丞相属吏悉取郡国官吏年长而不善言辞的忠厚长者,言文刻深、欲务声名的人一概不要。他自己则日夜饮酒。卿大夫和属吏见曹参根本不理政事，都想劝谏他。可是，一见面还未张口，就被曹参拉着喝酒，喝得烂醉如泥，结果什么意见也未能提出来。时间一长，大家也就习以为常，上行下效了。

曹参身为长官如此作为，吏员也是日夜畅饮，有些官员觉得太不像话，于是请曹参到吏舍去视察，希望他将那些喝酒闹事的吏员治罪。不料，曹参到了吏舍，反而一起饮酒作乐，歌呼相和。

消息传到惠帝耳中，惠帝很不高兴，认为曹参不理政事是瞧不起他。一天，他让曹参的儿子中大夫曹窋回去问他的父亲：高祖刚死，皇帝年轻，君为相国却日夜饮酒，怎能治理天下呢？曹窋回家后将惠帝的话学说了一遍，却遭到他父亲的痛打。曹参让儿子闭嘴，不要对天下事说三道四。不久，曹参上朝，惠帝责怪曹参。君臣之间有这样一番对话。

帝让参曰："与窋胡治乎？乃者我使谏君也。"

参免冠谢曰："陛下自察圣武孰与高帝？"

上曰："朕安敢望先帝乎！"

参曰："陛下观参孰与萧何贤？"

上曰："君似不及也。"

参曰："陛下言之是也。且高帝与萧何定天下，法令既明，今陛下垂拱，参等守职，遵而勿失，不亦可乎？"

惠帝曰："善。君休矣！"

曹参为相国三年，百姓歌之曰："萧何为法，讲若画一，曹参代之，守而勿失。载其清靖，民以宁壹。"

心灵物语

班固在《汉书·萧何曹参传》中赞曰："何以信谨守管龠，参与韩信俱征伐。天下既定，因民之疾秦法，顺流与之更始，二人同心，遂安海内。"这是后世史家对"萧规曹随"这段佳话的定评。

■史海钩沉

曹参败孙遬

高祖二年（公元前205年），汉高祖刘邦任命曹参代理左丞相，领兵进驻关中。过了一个多月后，魏王豹反叛，曹参便以代理左丞相的身份分别与韩信率军向东行进，在东张攻打魏将军孙遬的军队，结果大败孙遬。曹参乘势进攻安邑，捕获了魏将王襄，又在曲阳进击魏王，追到武垣，活捉了魏王豹。

■文苑荟萃

曹参庙

（宋）李复

百战皆收第一功，几回旁叹泣良弓。

白头始识人间事，归向东州问盖公。

唐太宗的安民良策

唐太宗李世民（599—649年），是唐朝第二位皇帝，他名字的意思是"济世安民"，汉族，陇西成纪人，政治家、军事家、书法家、诗人。他即位为帝后，积极听取群臣的意见、努力学习文治天下，有个成语叫"兼听则明，偏信则暗"，就是说他的。他是中国史上最出名的政治家与明君之一。唐太宗开创了历史上的"贞观之治"，经过主动消灭各地割据势力，虚心纳谏、在国内厉行节约、使百姓休养生息，终于使得社会出现了国泰民安的局面。为后来全盛的开元盛世奠定了重要的基础，将中国传统农业社会推向鼎盛时期。

唐太宗李世民登上皇位时，中华大地是一片萧瑟。经过隋末的灾荒战乱，黄河以北地区已是人烟稀少，江淮之间更是遍地荒凉。持续了数年的唐初统一战争，更如雪上加霜。据史书记载，从洛阳向东直到大海，"茫茫千里，人烟断绝，鸡犬不闻，道路萧条"。唐太宗深知，广大百姓饱受战乱的折磨，渴望有休养生息的机会。因此，他决定采取"抚民以静"的治国之策。

所谓的"静"，最初主要指不进行对外战争，使百姓减少兵役、力役负担。

唐太宗即位后不久，北方的突厥就大兵压境，一直打到渭水之北。唐太宗力主议和，与其订立了"便桥之盟"，突厥撤回。事后，唐太宗对大臣们说："我新即位，为国者要在安静。""国家未安，百姓未富，

且当静以抚之。"

此后不久，"静"又增添了新的内容。

武德九年（626年）十一月，唐太宗提出"安人理国"的四项措施。一是去奢省费，二是轻徭薄赋，三是选用廉吏，四是使民衣食有余。唐太宗等人深深懂得，百姓欲静而徭役不休，百姓贫困而侈务不息，必然会导致国家衰败。后来，魏征在总结隋末、唐初两种不同的治国方针和两种不同的结果时指出："隋氏以富强而衰败，动之也。我以贫穷而安宁，静之也。静之则安，动之则乱。"从唐初君臣的言论中可以看出，"静"的核心就是与民休息。

为了与民休息，唐太宗还实施了一些具体的措施，在政治、经济上努力创造各种条件来安民养民，发展农业生产。

要使百姓安静，首先要让百姓有田可种。经过隋末战乱，州县萧条，人口稀少，出现大量荒地，于是唐初开始推行均田，奖励垦荒。唐高祖时曾颁布均田令，规定丁男、中男给田一顷，所授之田十分之二为世业，可由后代继承，其余为口分田，身死之后要收回另授他人。这一均田措施当时并没有认真实行。唐太宗即位后，才开始切实推行均田。

贞观初年，长孙顺德为泽州（今山西晋城）刺史，发现前任刺史张长贵、赵士达各占州内良田数十顷。长孙顺德上奏朝廷，追夺他们的田地分给贫户。当然，在地主土地私有制下，真正按丁口均田是不可能的。尤其在人多地少的"狭乡"，农民往往得不到均田令规定的授田亩数。为解决这一问题，唐太宗极力鼓励农民迁往荒地较多的"宽乡"，以便给足亩数，开垦荒田，从狭乡迁往宽乡，可以得到减免租赋的优待。这一办法对贞观年间开荒垦田，恢复农业生产起了很大的促进作用。

唐太宗的安民养民政策，还体现在力戒滥征民力，反对劳役无时上。贞观元年（627年），唐太宗想营造一座宫殿，材料都已经准备好了，就等择一吉日开工。但一想到亡秦的教训，就不再兴建了。第二年，大臣们一再奏称"宫中卑湿"，劝说建一座高一点的台阁，太宗还是没有允许。后来他说："崇饰宫宇，游赏池台，帝王之所欲，百姓之所不欲。……劳弊之事，诚不可施于百姓。"

唐太宗还用法律对使用民工加以限制，《唐律》中规定，修城廓、筑堤防等欲征用民工，要提前将工程规模、用人多少上报尚书省待批，不经申报滥用民力的要给予刑事处罚。另外，唐太宗还两次释放宫女达数千人。

农业是中国封建社会的经济命脉，发展社会生产，关键是发展农业。安民养民，也必然要建立在农业生产恢复和发展的基础上。唐太宗十分重视农业生产，他自己在皇宫的园子里种了几亩庄稼，亲自锄草，以此来领会农民的辛苦。他经常派使臣到各地巡视，劝课农桑。他要求诸使者到州县时，要深入田间劝农，不得让农民接待迎送，以免耽误农活。唐太宗劝农的重点是不违农时。

贞观五年（631年），曾发生了这样一件事：皇太子要举行冠礼，礼部官员请阴阳家选择吉日，结果选在二月。二月正是春耕大忙季节，唐太宗为了不误农时，不顾阴阳家的说教，将日期改在秋后农闲的十月。唐太宗酷爱狩猎，以示不忘武备。但为了不妨碍农时，每次都选在农闲时进行。贞观年间他七次出猎，都是在当年的十月、十一月和十二月。这些都体现了他不违农时、与民休息的治国精神。

唐太宗"清净无为，安乐百姓"的措施，收到显著的社会效果。关中地区遭受战乱破坏最为严重，经过数年恢复，至贞观二、四年，农业丰收，流散人口纷纷回乡。贞观六、七年更是风调雨顺，连续丰稔，山东也一改昔日残破的面貌，过往行人"自山东至于沧海，皆不赍粮，取给于路"。唐代史学家杜佑描绘：自贞观以后，太宗励精为理。至八年、九年，频至丰稔，米斗四五钱，马牛布野，外户动则数月不闭。至十五年，米每斗值两钱。粮价从最初的斗米一匹绢，到斗米四五钱，再到斗米两三钱，农业发展速度如此之快。贞观时期"太平盛世"的出现，令后代史家也赞叹不已。

□心灵物语

唐太宗以亡隋为鉴，制定了以"清净无为，安乐百姓"为中心的施政方针，最终创造了"贞观之治"的伟业。历史总是有惊人的相似之处，明

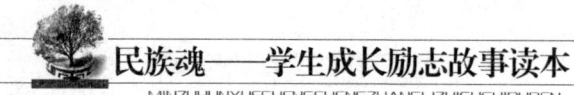
智之君就在于能吸取历史的经验教训，以史为鉴，制定相应的统治政策，使之适应时代的发展潮流。

■史海钩沉

唐太宗胸怀大局

唐太宗即位后，胸怀大局，采取四海一统的民族和外交政策，因此太宗朝的民族和外交政策也取得了辉煌的成绩，四海之内只要知道中国的，均努力内附，以唐为荣，乐不思蜀。这些人不但同唐人一样，可以自由自在地生存，还可以做官，著名的少数民族将领阿史那思摩、执思失力、契芯何力、黑齿常之，乃至后世的高仙芝、李光弼等人，都为唐朝的建设和发展作出了杰出贡献。在他们的身上，也反映出了李世民采取的正确的民族政策。现在的唐人、唐人街等，也正是那时繁荣富强、威甲四海、文礼之邦的生动写照。

■文苑荟萃

还陕述怀

（唐）李世民

慨然抚长剑，济世岂邀名。

星旃纷电举，日羽肃天行。

遍野屯万骑，临原驻五营。

登山麾武节，背水纵神兵。

在昔戎戈动，今来宇宙平。

明太祖严惩扰民官吏

朱元璋（1328—1398年），明王朝的开国皇帝，原名重八，后取名兴宗，濠州（今安徽凤阳县东）钟离太平乡人。他25岁时参加郭子兴领导的红巾军反抗蒙元暴政，龙凤七年（1361）受封吴国公，十年自称吴王。元至正二十八年（1368），在基本击破各路农民起义军和扫平元的残余势力后，于南京称帝，国号大明，年号洪武，建立了全国统一的封建政权。朱元璋统治时期被称为"洪武之治"。死后葬于明孝陵。

明太祖朱元璋是位与众不同的皇帝。他本人出身于一个贫苦农民家庭，少年时吃了不少苦，又当过小和尚，后来参加红巾义军，打下天下，做了皇帝，对于普通百姓的生活他并不陌生，老百姓怕什么、恨什么，他都清楚。做了皇帝后，首要之事便是巩固自己的政权，而要使政权巩固，就必须让百姓安居乐业，不要起来造反。"官逼民反"这个千古真理，在明太祖朱元璋头脑里印象实在太深刻了，他本人就是从这条路上走过来的。

为了安民，明太祖朱元璋在从两个方面进行改革，一方面是鼓励农民垦荒立业，减轻赋税，均平徭役；另一方面则是限制豪强，整肃吏治。

朱元璋整肃吏治的许多办法都是出人意料的，有一些非常突出地反映了他那贫苦农民出身的特点，其中尤以他在《大诰》中规定的不准官吏下乡和准许民众捉拿下乡官吏最有特点。

朱元璋在洪武十八年（1385年）颁布的《御制大诰》序中，一开头就说道："朕闻曩古历代君臣，当天下之大任，闵生民之涂炭，立纲陈纪，昭示天下，为民造福……今将害民事理，昭示天下诸司，敢有不务公而务私，在外贪赃，酷虐吾民者，穷其原而搜罪之。"这倒不是空口说些好听话，因为在这部《御制大诰》中，他就明确规定了让乡里耆民奏报地方官的善恶："自今以后，若欲尽除民间祸患，无若乡里年高有德等，或百人，或五六十人，或三五百人，或千余人，岁终议赴京师面奏，本境为民患者几人，造民福者几人。朕必凭其奏，善者旌之，恶者移之，甚者罪之。"用发动群众的办法祛除害民官吏，"勿坐视纵容奸恶患民"，"以安吾民"。这实在是朱元璋的一大发明。为了保证百姓入京面陈，他还要求各处关津把隘，为面奏来京的百姓放行。

这些《大诰》中的内容一经公布，还真有效果。从洪武十八年到十九年，先后有无为州同知李汝中下乡扰民，湖州府官吏和乌程（今吴兴）县官吏易子仁、张彦祥勾结富豪，欺压百姓均被治罪。更有意思的是，常熟县县民陈寿六看到县吏顾英为非作歹，不仅害了自己，而且害民甚众，于是同弟弟、外甥三人，动手将县吏顾英擒住，带上《御制大诰》，赴京面陈。明太祖见此情形，非常高兴，严惩了顾英，表彰了陈寿六，赏给他们钞20锭，衣各两件，还免了陈寿六三年的杂泛差役。

大概是这件事给了朱元璋一些启示，想起少年时看到地方官吏下乡扰民的情形，他决定再进一步，把准许乡间百姓赴京面陈地方官吏的善恶改成了许民拿下乡官吏。

说起来官吏下乡本对体察民情有好处，光坐在衙门里，对乡间之事一无所知，只凭下面汇报，绝非善策。但是，那时候官吏下乡，真正去体察民情的并不多，大部分都是去扰民的。对此，朱元璋非常清楚，屡禁而不能止，又没有办法彻底解决。那些"无藉杀身之徒"，也就是不怕死的贪恶官吏，"终不循教，仍前下乡扰吾良民"。

于是他又想起了老办法：发动群众。在他眼里，治天下与打天下也有共同之处。打天下时，依靠百姓支持；如今治天下，也可利用百姓之力，整肃吏治。洪武十九年颁布的《御制大诰续编》中，他便将准许百姓捉拿下乡扰民的官吏作为法令公之于众：十二布政司及府、州、县，朕尝禁止官吏、皂隶，不许下乡扰民，其禁已有年矣。有些贪婪之徒，往往不畏死罪，违旨下乡，动扰于民。今后敢有如此，许民间高年有德耆民，率精壮拿赴来京。

朱元璋办起事来确有雷厉风行的特点，他当年就惩办了阻拦嘉定县民入京赴告的淳化镇巡检，一个"枭令示众"，一个"刖足枷令"。百姓有了皇帝支持，胆子更大了。乐亭县主簿汪铎扰害县民，县民赵罕辰率人捉拿了八名害民之吏，绑赴京师。主簿汪铎害怕了，追出40里，哀求县民们说："我14岁读书，灯窗之劳至此，你可免我此番，休坏我前程。"

□心灵物语

地方官在封建社会里称作"父母官"，本为治民的，结果反被民所治，这在传统的封建秩序中不能不算是新奇之事。当然，这一切做法归根到底还是为了维护明朝的封建统治，而且也只能行之一时。不过，明太祖朱元璋发动群众、约束官吏的做法，不仅是个创新，也为后世提供了有益的借鉴。

□史海钩沉

朱元璋改革官制

明朝初年，官僚机构基本上都沿袭了元朝的制度，而朱元璋也逐渐认识到其中的弊病，于是进行了一系列的改革。

首先是废除行省制。1376年，朱元璋宣布废除行中书省，设立承宣布政使司、都指挥使司和提刑按察使司，分别担负行中书省的职责，三者分立又互相牵制，防止了地方权力过重。

在军事上，朱元璋还废除了管理全国军事的大都督府，将其分为中、左、前、后、右五军都督府，并和兵部互相牵制。兵部有权颁发命令，但

不能直接统帅军队；都督府掌管军队的管理和训练，但没有调遣军队的权力。这样，军权便集中于皇帝一人之手了。

■ 文苑荟萃

重谒孝陵

（清）顾炎武

旧识中官及老僧，相看多怪往来曾。

问君何事三千里，春谒长陵秋孝陵。